谨以此书献给改革开放40周年

在希望的田野上 | 行进中的“三农”故事

ZAI XIWANG DE TIANYE SHANG XINGJIN ZHONG DE SANNONG GUSHI

ZUANXING ZHONG DE XIN NONGYE

转型中的
新农业

张正河
范迪军 编著
胡 祎

全国百佳图书出版单位
APGTIME 时代出版
时代出版传媒股份有限公司
黄 山 书 社

图书在版编目(CIP)数据

在希望的田野上——行进中的“三农”故事：转型中的新农业/张正河，范迪军，胡祎编著.—合肥：黄山书社，2017.8

ISBN 978-7-5461-6629-2

Ⅰ.①在… Ⅱ.①张… ②范… ③胡… Ⅲ.①三农问题-研究-中国 Ⅳ.①F32

中国版本图书馆 CIP 数据核字(2017)第 192403 号

在希望的田野上

——行进中的“三农”故事：转型中的新农业

张正河　范迪军　胡　祎　编著

出 品 人　王晓光
特约编辑　王舒彦
责任编辑　秦矿玲
责任印制　戚　帅　李　磊
装帧设计　钱志刚
出版发行　时代出版传媒股份有限公司(http://www.press-mart.com)
　　　　　黄山书社(http://www.hspress.cn)
地址邮编　安徽省合肥市蜀山区翡翠路 1118 号出版传媒广场 7 层 230071
印　　刷　合肥精艺印刷有限公司
版　　次　2018 年 1 月第 1 版
印　　次　2018 年 8 月第 2 次印刷
开　　本　710mm×1000mm　1/16
字　　数　240 000
印　　张　13.5
书　　号　ISBN 978-7-5461-6629-2
定　　价　60.00 元

服务热线　0551-63533706

销售热线　0551-63533761

官方直营书店(https://hsss.tmall.com)

序

这是一套讲述中国“三农”转型的系列故事书。今年是改革开放四十周年，中国改革开放的序幕是从农村拉开的。回眸四十年中国，特别是四十年农村的变化，你会有几天几夜也说不完的感触。这些变化的背后有深刻的中国特色社会主义道路、理论、文化、制度的影响，值得我们去挖掘。而范迪军、张正河教授，却是以故事的笔触，讲述这四十年的变迁，读后感到真实、生动，很接地气，是一本不多见的，比较完整的“三农”故事书、历史书。

四十年来，我们颁布实行了许多方针政策，无论是家庭承包经营制，还是后来的税费改革，以及正在推进的农村多种经营主体、承包地“三权”分置、城镇化以及乡村振兴战略。追溯起来，无不都是广大农民和基层干部的创造和摸索，然后再总结、完善，上升为理论和国家政策。这就是辩证唯物主义的认识论。在这套故事书里，你都会找到那些理论和政策的源泉。

历史是人民群众创造的。这是马列主义、毛泽东思想的基本原理。中国人民的智慧结晶形成了邓小平理论、“三个代表”重要思想和科学发展观，以及具有划时代意义的习近平新时代中国特色社会主义思想。这套书里，讲述的一个个栩栩如生的故事和人物，既反映了他们对理论创新的探索，也体现了理论指导下的实践成果。读完这些故事，你会对中国改革开放四十周年以及对党的十九大精神，会有更为深刻的理解。

中国的农业进入了一个新的时代，由解决总量不足转入了一个重质量的发展新阶段。以家庭承包经营为主的发展方式，正转入适度规模经营，并新生出许多新的经营主体。从农民来看，一方面，现在许多农民进入了城市，从事第二、三产业成为新市民；另一方面，又催生出许多训练有素的新型职业农民。中国的农村，已经由原来的城乡差距较大，转变为城乡融合发展、农民安居乐业的美丽家园。这就是中国“三农”所面临着的许多新变化。这里没有现成的发展模式去抄袭，没有现成的捷径可以一蹴而就。中国“三农”的未来，需要我们在习近平新时代中国特色社会主义思想的指导下，去继续探索和不断实践。我相信，在今后的实践中，必将涌现出许多新的故事和鲜活的人物。我也期待着范迪军、张正河教授再出新的“三农”故事集。

中国“三农”在希望的田野上，将会永远充满生机！

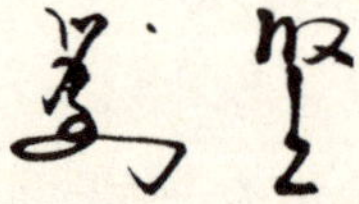

（农业部原副部长、国务院参事）

2018 年 1 月 15 日

目　录

粮食篇　藏粮于地，藏粮于技

第一节　重大政策创设，激发生产动力 /003

第二节　加强土地管理 /013

第三节　农田水利建设 /023

第四节　改善植保条件，提高粮食产量 /028

结构篇　业态统筹，复合增值

第一节　调整种植业结构 /037

第二节　保障重要物资生产能力 /044

第三节　加快草牧业发展 /047

第四节　鼓励农产品加工 /052

第五节　提高养殖业水平 /056

第六节　加快渔业和水产养殖业发展 /060

安全篇　食安为先，全程溯源

第一节　把好生产资料投入关 /067

第二节　生产过程控制 /076

第三节　认证与品牌 /082

科技篇　科技引领，创新驱动

第一节　农业科技创新激励 /098

第二节　重要农业科技领域 /105
第三节　科技创新平台建设 /113

流通篇　渠道畅通，流储有序
第一节　粮食存储管理 /122
第二节　物流建设 /128
第三节　传统销售模式 /134
第四节　新型运销模式 /142

生态篇　资源节约，环境友好
第一节　农业生态问题 /153
第二节　面源污染治理 /167
第三节　养殖业控制 /174
第四节　水资源保护 /178
第五节　环境恢复 /180
第六节　森林保护 /184

国际篇　互利合作，担当道义
第一节　农业国际合作 /192
第二节　农产品进出口调控 /204
第三节　农业南南互助 /208

粮食篇

藏粮于地，藏粮于技

导 语

本篇重点讨论的是农产品数量，即通过提高产量，让人民吃得饱。

在中国悠久的历史上，吃饭问题一直困扰着中国人。新中国刚建立时，由于经受了多年战争的摧残，当时的中国是一个十分落后的国家。1949 年全国粮食总产量仅 11626 万吨，能否吃饱饭是当时全国人民面临的最大问题。

面对巨大的困难和挑战，全国人民在党的领导下积极发展农业，首先进行了土地改革，释放土地活力。这一举措使得 1952 年全国粮食产量达到 16392 万吨，与 3 年前相比增加了 41%，中国人民的生活水平显著提高。然而此时的中国，面对自然灾害还是缺乏应对能力，1959—1962 年的自然灾害使得中国粮食大幅减产，给中国人民带来了深重的灾难。这场灾难让中国政府更深刻地意识到粮食安全的重要性。在后来的发展过程中，中国政府始终把发展农业作为工作的重中之重，中国农业在其后的几十年间始终保持着蓬勃发展的态势。

中国政府重视农业，投入大量资源选种育苗、生产肥料、兴修水利、发展农机，使得中国农业发展的势头长盛不衰。除了科技手段外，中国政府还进行了制度的改进。20 世纪 80 年代初开始实施的家庭联产承包责任制，极大地调动了农民的生产积极性，成为中国农业发展的另一大动力。

21 世纪初期，由于工业化和城市化的发展占用了一部分耕地，加上几十年农业的高速增长，一部分人逐渐忽视了农业的重要性。2000 年前后，中国出现了大规模的粮食减产。好在中国政府及时出台了一系列保障农业的政策，因此 2004 年后，中国农业启动了新一轮的增长，并出现了举世瞩目的“十二连增”。2015 年全国粮食总产量达 6.21 亿吨，中国人吃饭的问题被真正解决，中国用世界 7% 的耕地养活了世界 22% 的人口。

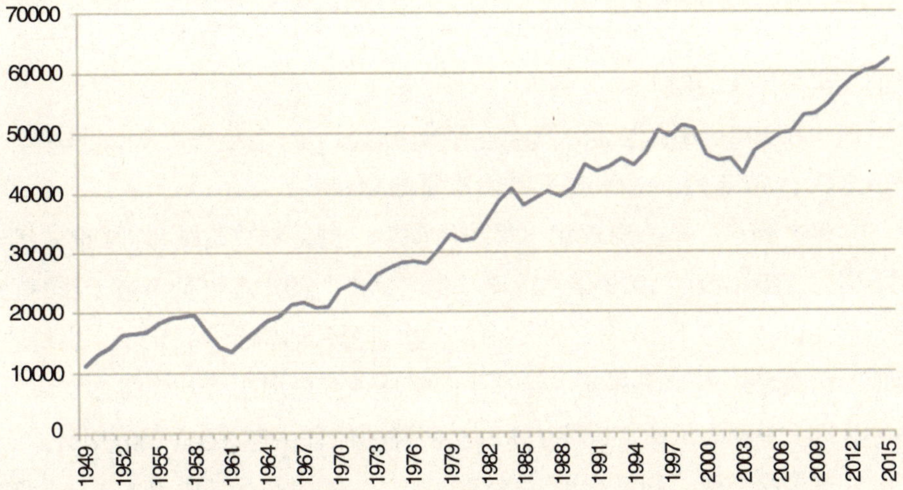

1949—2015 年中国历年粮食总产量（万吨）

如今中国的粮食生产也还存在着相当多的问题，如人均粮食产量不高、耕地面积逐渐缩小、农田基础设施不完善、农业现代化水平较低等。为了解决这些问题，中国政府出台了一系列保障粮食生产的政策，投入了大量资金扶持中国农业发展，并已取得可观的成效。未来，中国政府需要继续完善并落实政策，提高中国的粮食生产能力，确保“中国人的饭碗端在自己手里”。

第一节　重大政策创设，激发生产动力

一、农村实施联产承包责任制，拉开中国改革的序幕

1978 年 11 月 24 日晚上，安徽省凤阳县凤梨公社小岗村西头严立华家低矮残破的茅屋里挤着 18 位农民。关系全村人命运的一次秘密会议此刻正在这里召开。这次会议的直接成果是诞生了一份不到百字的包干保证书。该保证书最主要的内容有三条：一是分田到户；二是不再伸手向国家要钱要粮；三是如果干部坐牢，社员保证把他们的小孩养活到 18 岁。

在会上，队长严俊昌特别强调：“我们分田到户，瞒上不瞒下，不准向任何人透露。”在1978年，这是一个敢冒天下之大不韪的举动，也是一个勇敢的甚至是伟大的创举。

1979年10月，小岗村打谷场上一片金黄，经计量，当年粮食总产量66吨，相当于全队1966年到1970年5年粮食产量的总和。

“包产到户”是个出现频率很高的词汇，也是常被质疑和批判的。即使在小岗村获得丰收的1979年，批评“包产到户”的声音也是不绝于耳的。可喜的是，1980年5月31日，邓小平在一次重要谈话中公开肯定了小岗村“大包干”的做法。当时国务院主管农业的副总理万里和改革开放的总设计师邓小平对这一举动表示的支持传达了一个明确的信息：农村改革势在必行。

经过多次调研，周密论证，1982年1月，中国共产党历史上第一个关于农村工作的一号文件正式出台，明确指出包产到户、包干到户都是社会主义集体经济的生产责任制。

此后，中国政府不断稳固和完善家庭联产承包责任制，鼓励农民发展多

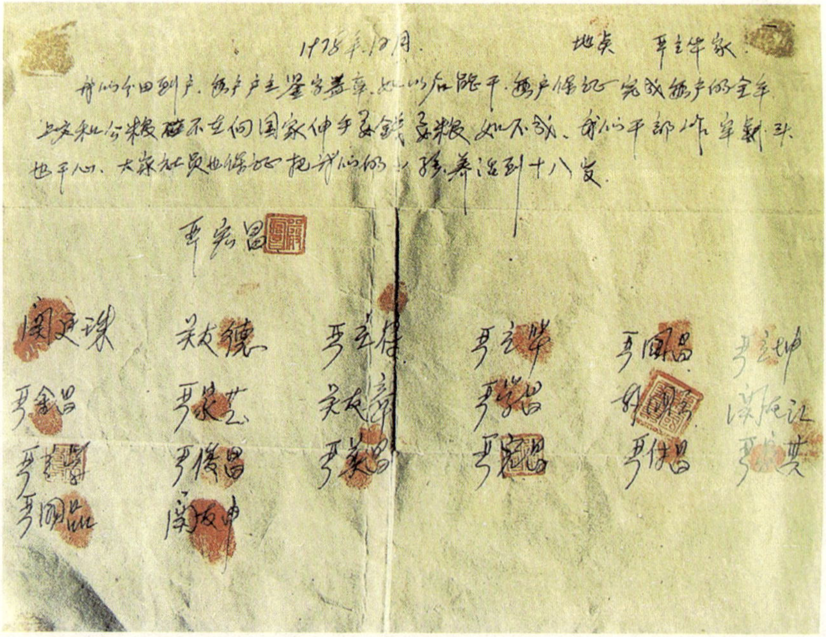
1978年12月　地点　严立华家

我们分田到户，每户户主签字盖章，如以后能干，每户保证完成每户的全年上交和公粮，不在向国家伸手要钱要粮，如不成，我们干部作牢杀头也甘心，大家社员也保证把我们的小孩养活到十八岁

严宏昌

小岗村村民按下红手印的“包产到户”保证书

种经营，使广大农村地区迅速摘掉贫困落后的帽子，逐步走上富裕的道路。特别是新世纪以来，中国政府连续发布了 14 个中央一号文件，解决“三农”问题。

二、取消农业税，光辉耀千古

中国是一个历史悠久的农业国家，向农民征收农业税是中国历史上各个时期一贯的做法。2006 年 1 月 1 日，中国政府却取消了在中国征收了几千年的农业税，这在中国农业历史上具有里程碑的意义。

随着中国工业化进程的不断推进，农业税在国家财政收入中所占的比例越来越小。2005 年，全国税收总额突破 30000 亿元，而农业税收入约为 1000 亿元，只占其中的 3.3%，因此取消农业税对中国的财政收入不会产生大的震荡。另一方面，新中国成立之后，中国为了快速发展工业，采取的是农业补助工业的政策，使得中国的农民负担较重。随着中国经济的发展，取消农业税，实行工业反哺农业正当其时。

《全面取消农业税》纪念邮票

中国取消农业税虽然对财政收入影响不大，但对政府和农民来说意义非凡。首先，它实实在在地减轻了农民的负担。2005年，农业税约为1000亿元，平均每个农民可以减轻125元的负担，如果每个农户有4口人，则每个农户可减轻500元负担。其次，免除农业税的同时免除了农业税征收的所有工作。农民收入偏低，向他们收税本身十分困难，收税成本很高。免除农业税后，彻底节约了农业税征收的这部分成本。最后，免除农业税也免除了一些非正规的收费。过去常常出现一些非正规的税费夹在农业税中征收的现象，给农民造成很重的经济负担。免除农业税后，这些税费没有了名目，无法再强加在农民身上。

取消农业税后，农民通过农业生产获得的所有农产品全部归自己，农民参与农业劳动的积极性显著提高。正是在这一有利政策的激励下，中国粮食产量才得以取得“十二连增”的伟大成就。

三、粮食安全，省长负责

目前，中国的粮食生产处在一个辉煌的时期，全国粮食年产量突破6亿吨，中国农业生产的成就令世界瞩目，但中国的粮食生产现状依然不容乐观，还面临三个方面的问题：（1）中国的农业资源先天不足，耕地、淡水资源都比较紧缺，人均耕地面积也只有世界平均水平的1/3，人均淡水资源只有世界平均水平的1/4，在实现粮食生产“十二连增”后，稳定增产面临的困难会更多，挑战会更大；（2）中国人口众多，且还在不断增长，消费结构在升级，城镇化在加快，因此未来中国对粮食的需求还会不断增加；（3）“十二连增”后，很容易放松粮食生产，忽视粮食流通，有的地方存在着过度依靠中央的现象。

2015年1月，国务院发布了《国务院关于建立健全粮食安全省长责任制的若干意见》，对从1994年开始实施的粮食安全省长责任制进行了强化和发展。顾名思义，“粮食安全省长责任制”即要求一省省长重视粮食生产，对一省的粮食安全负责。它明确了省长在维护国家粮食安全方面的责任，主要包括十个方面：强化粮食安全意识和责任，巩固和提高粮食生产能力，切实保护种粮积极性，管好地方粮食储备，增强粮食流通能力，促进粮食产业健康发展，保障区域粮食市场基本稳定，强化粮食质量安全治理，大力推进节粮减损和健康消费，强化保障措施和监督考核。

与过去相比，新的粮食安全省长责任制主要有四点不同：（1）强调了确保国家粮食安全的极端重要性和复杂性。中国国内粮食生产成本快速上升，粮食价格普遍高于国际市场，保障粮食安全任重而道远。（2）对省长在维护国家粮食安全方面的职责规定更全面、更系统。新制度涵盖了粮食生产、流通、消费等各环节的重要内容，不仅强调了粮食的数量安全，而且强调了粮食的质量安全、粮食产业健康发展以及节粮减损和健康消费等。（3）对落实粮食安全省长责任制的规定更明确、更具体。主要体现在省长的职责都具有很强的针对性和可操作性，职责和任务十分明确。（4）在落实粮食安全省长责任制的机制上更严格、更严肃，不仅强调了省长的各项职责和任务，而且要求建立监督考核机制，要求对各地实行情况进行考核和问责，增强了新制度的严肃性。

2015年11月，国务院办公厅印发了《粮食安全省长责任制考核办法》。这是新时期为深入贯彻落实国家粮食安全战略，强化地方粮食安全主体责任，切实保障国家粮食安全的重要举措。

《粮食安全省长责任制考核办法》明确了粮食安全省长责任制考核的目的、对象、组织、步骤和原则，并对监督检查、考核内容、评分办法、实施步骤、结果运用、工作要求等具体事项作了明确规定。

国务院对各省（区、市）人民政府粮食安全省长责任制落实情况进行考核，考核的主要内容包括六个方面：（1）确保耕地面积基本稳定、质量不下降，粮食生产稳定发展，粮食可持续生产能力不断增强；（2）保护种粮积极性，财政对扶持粮食生产和流通的投入合理增长，提高种粮比较收益，落实粮食收购政策，不出现卖粮难问题；（3）落实地方粮食储备，增强粮食仓储能力，加强监督管理，确保地方储备粮数量真实、质量安全；（4）完善粮食调控和监管体系，保障粮食市场供应和价格基本稳定，不出现脱销断档，维护粮食市场秩序，完善粮食应急保障体系，及时处置突发事件，确保粮食应急供应；（5）加强耕地污染防治，提高粮食质量安全检验监测能力和超标粮食处置能力，禁止不符合食品安全标准的粮食流入口粮市场；（6）按照保障粮食安全的要求，落实农业、粮食等相关行政主管部门的职责任务，确保责任落实、人员落实。国务院的这一举措，是国家对粮食安全高度重视的重要体现。

四、土地确权登记，保障农民利益

为加快推进农村土地承包经营权确权登记颁证试点工作，2015 年以来，广西壮族自治区龙州县组织了县、部门、乡、村、屯五级干部，采取任务分点包干的方法，一条龙推进土地确权工作。龙州县坚持先行先试，以水口镇埂宜村上灶屯、八角乡菊埂村百沙屯、上龙乡民权村荒田屯以及上龙村弄农屯、停弄屯等 5 个村屯为试点，树立典型，为全县全面开展土地确权试点工作提供有益的参考和借鉴。

龙州县还积极探索创新模式开展土地确权工作。在开展土地并块工作中，探索形成了按原地块确权、确权确股不确地和结合土地“小块并大块”、甘蔗“双高”基地建设开展确权等三种土地确权模式，为全县全面推进土地确权工作提供了参考与借鉴。

截至 2015 年年初，龙州县已开展农村土地承包经营权确权登记颁证试点

农村土地确权登记颁证仪式

工作 30 个村 288 个村民小组，涉及 13678 户 23.15 万亩土地，现已完成确权登记 3.2 万亩，发证 1280 本。

长期以来，中国农村的土地资源就没有得到普遍的、明确的、法定的产权界定。农村土地为集体所有，其使用权、经营权和承包权为农户所有，农民住宅的所有权由农户享有，这是中国农村土地的基本现实，但这一现实至今没有得到法律的普遍确认。此外，农村人口、劳动力、行政区划、政策与体制都有诸多变化，还有大量历史遗留问题，导致我们难以建立一个得到普遍接受的、法定的农村财产权利体系。

面对如此困境，中国政府从 2009 年开始进行农村土地确权登记工作。到目前为止，全国开展土地承包经营权确权登记的县已经达到 1988 个，涉及 1.3 万个乡镇、19.5 万个村、3.3 亿亩承包耕地。从试点情况看，农民群众反映积极，化解了大量过去沉淀下来的相关矛盾，为促进土地承包经营权的流转和发展农业适度规模经营建立了坚实的基础。

中国一共有 2856 个县级行政区划单位，目前已在 1988 个县推广了土地确权登记，占总数的 70%；全国有 3 万个乡镇，目前 1.3 万个乡镇已经开始土地确权登记，占总数的 43%；全国有 60 万个村，目前 19.5 万个村进行了确权登记，占总数的 33%。到目前为止，还没有一个村、一个县因为开展土地确权登记颁证的试点工作引发社会冲突，可见这项工作是有效的，是受广大农民欢迎的。

对农村土地进行确权登记主要有三方面重要意义：

1. 有利于保护农民的合法权益。长期以来，农村土地所有权、使用权等权利没有得到明确规定和有效保障。因此，要想更好地保护农民的合法权益，就必须对农村集体所有土地的各项权责予以确认。不仅如此，农村土地确权过程也是一个摸清土地利用状况、更好地推动农村土地管理的过程。在过去土地权责不清的情况下，农民外出务工时大多会将土地流转出去，以此获得一些稳定收入。但一些就业较稳定、已经不打算再从事农业生产的外出务工农民，为了获取更高的流转收益，往往将土地流转于非农业用途，致使农业用地遭到破坏。还有一些土地流转收益相对较低的地区，则由于土地未能确权而导致抛荒问题严重。因此，有必要进行土地确权，明确土地各类权责关系，进

农村土地承包经营权证

而及时有效地管理和控制农村的土地使用问题。

2. 有利于提高农民收益和土地产出效益。土地确权是农村土地流转的基础。土地流转后，农民就可以从土地中解放出来，从事其他行业，获得更高的收入。农民收入的增加不仅意味着生活条件的改善，而且有利于拉动内需。此外，土地确权也有利于解决农村抵押品不足等融资障碍，农民可以通过土地经营权抵押等方式从正规金融系统获得急需的生产性资金或消费资金，从而促进农业生产效率的提升及农村消费市场的扩张。不仅耕地确权有利于土地流转，为农民实现市民化提供资金保障，农村宅基地确权导致的宅基地进入流通市场一定程度上也有利于解决城市土地紧张的现状。总体估算，在土地确权的基础上，如果能够推动耕地和宅基地的大规模流转，进而实现农业的适度规模经营，由此产生的联动效应将使中国的市场规模在已有基础上扩张2~3倍。

3. 有助于政府简政放权。长期以来，中国政府不断提出小政府、大社会及下放、裁减审批权等一系列深化改革的思路，并出台了一系列的改革举措。在农村经济管理方面，由于没有建立现代农业适度规模经营体系，导致政府对土地及其他自然资源的权责不明晰，政府无所不管、职能重叠，从而造成机构臃肿、冗员较多、效率低下、社会经济资源严重浪费等诸多问题。农村土地确权有利于明确农业经营各主体的利益关系，有利于构建产权清晰、权责到位、自主决策、自我管理、自负盈亏的新型农业经营体系。农业经营主体利益关系的明确，同样意味着相关管理部门权责问题的明确，从而有利于原有农村经济管理部门及时转换职能或撤销、合并，既能提高行政机关的办事效率，进一步缩减行政事业性开支和行政管理费用的摊派，减轻农村居民的经济负担，也能解决政府机关人员冗余问题，并由此推动政府机构的简政放权。

农村集体土地确权登记，是对农村集体土地所有权和集体土地使用权等土地权利的确权登记，是农村土地权利规范化、法制化的重要里程碑。中国的土地确权才刚刚开始，其具体成效可能要在今后很长一段时间内逐渐体现，但可以预见的是，其必将有效地推动农村土地的流转，加快农业生产规模化发展，提高农业的生产效率。

五、农村土地流转，培育种植大户

2014 年，新疆福海县政府拿出资金 80 万元，对农业土地流转规模化生产示范村给予资金奖补，主要用于对土地转出方给予补助 62 元 / 亩，对承包土地的大户或合作社补助 18 元 / 亩。在政策的鼓励下，2014 年福海县 8 个村流转土地面积 10000 亩，最多的集中连片种植面积达 1400 亩，最少的集中连片种植面积也有 700 亩以上，实现了土地规模化生产。

福海县第一农场的第七分场土地流转面积 1352 亩，由分场统一种植小麦，总产量达 596.4 吨，总收入 198 万元，亩产量达到 441 千克，比全农场小麦平均产量高 29 千克 / 亩，农业劳动生产率 391967 元 / 人，高于传统种植方式劳动生产率 38092 元 / 人的指标，亩产值 1468 元。解乡阔聂科买村土地流转 800 亩，以托管的模式统一种植小麦，平均亩产达到 467 千克，农业劳动生产率 207348 元 / 人，每亩产值 1555 元。喀拉玛盖镇喀尔乌提克勒村土地流转 1400 亩，由家庭农场种植打瓜、葫芦，总收入 278 万元，每亩产值 1800 元，农

土地流转后的大规模小麦地

业劳动生产率 347500 元 / 人，经济效益显著。

通过土地流转，福海县大部分地区实现了规模化生产，农业劳动生产率大大提高，土地产出率高于传统生产方式，达到了节本增效的目标。2015 年，福海县进一步加大了农村土地流转工作力度，将集中流转后的土地以家庭农场、合作社、托管、种植大户等方式进行经营，对土地集中连片经营的，继续进行奖补，激发了农牧民流转土地的积极性，促进了农业发展和农牧民增收。

福海县的土地流转在中国并非个别现象，而是近年来全国同时推进的一项大工程。农村土地流转是指农村土地承包经营权的流转，指在保证土地所有权归属和用地性质不变的前提下，拥有土地承包经营权的农民，根据自己的意愿，依法将土地承包经营权以转包、出租、互换、转让、股份合作等形式有偿转让给他人或其他合法组织，以谋求更高经济效益的行为。因此，土地流转的实质是土地使用权的流转，即土地的原有承包权保持不变，只是土地的使用权发生了转移。农村土地流转的范围既包括耕地、荒地，也包括鱼塘、山地等其他农业用地。

当前中国农业正进入一个由传统农业向现代农业转变的全新发展阶段。现代农业要求实现土地集约化和规模化经营，而现阶段农村总体上分散、粗放的土地经营方式，难以推广先进的科学技术和发挥大型农业机械的作用。面对这样的矛盾，中国政府近年来鼓励有条件的农户对土地经营权进行流转，以便于农村土地集中经营。

农村土地流转既有利于农民提高收入，又有利于农村发展农业，是解决中国当前小农经济与农业现代化矛盾的有效途径。具体而言，主要有两方面意义：首先，有利于发挥农业规模优势。通过土地流转将农民的小块土地集中起来联合经营，更方便大型农业机械的应用，从而提高农业生产效率。其次，可以提高农民收入。小农经济下农民从事农业生产收入很低，土地流转后，农民可以去城市务工，这样农民就有了两份收入，即务工的工资性收入和流转土地的财产性收入，经济状况明显好转。同时，将农村多余的劳动力引向城市，也有助于中国城镇化的发展。

第二节　加强土地管理

一、实施占用耕地补偿制度，严守18亿亩耕地红线

2014年12月，河南郑州举行了一场别开生面的拍卖会，拍卖的物品是河南省正阳、原阳等5个县5500亩补充耕地指标。根据中国的土地使用政策，建设用地占用耕地必须采取“占一补一”“占优补优”的办法，以使耕地达到“占补平衡”。然而一些地方城市化进程过快，以至于没有足够的区域可以开垦为耕地，在这样的情况下，可供交易的补充耕地指标就成了“香饽饽”。

在这次拍卖中，补充耕地起始价均为5万元/亩。经过激烈竞争，拍出的均价达到15.25万元/亩，其中郑州市金水区政府以1.1亿多元拍得700亩补充耕地指标，成为当天成交的最高单价，折合地价高达16.22万元/亩。当天，5500亩补充耕地指标共拍卖出8.3878亿元高价。这种市场化运作方式，使得用地单位必须考虑经济成本，避免占用耕地，特别是防止过度占用耕地与盲目开发土地。

河南省补充耕地指标拍卖会现场

补充耕地指标拍卖会是中国实施耕地保护的一个重要方式。耕地保护，是指运用法律、行政、经济、技术等手段和措施，对耕地的数量和质量进行保护。近十几年来，中国因为非农建设占用而减少的耕地，占耕地减少面积的 40% 左右。耕地面积大量减少直接威胁农业发展，因此必须确保一定数量和质量的耕地。中国提出了"18 亿亩耕地红线"的说法，即要求全国耕地总面积不得低于 18 亿亩，以保证足够的粮食生产。

为了严守 18 亿亩耕地红线，从数量上对耕地进行保护，中国实施严格的占用耕地补偿制度。目前，占用耕地补偿制度已成为中国正在实行的一项保护耕地的法律制度，具有强制性。它是指非农业建设经批准占用耕地，要按照"占多少，补多少"的原则，补充数量和质量相当的耕地，没有条件开垦或者开垦的耕地不符合要求的，应交纳耕地开垦费，专款用于开垦新的耕地。

占用耕地补偿制度对耕地的保护体现在两方面：（1）当耕地被占用时可以从别处补回相同面积的耕地；（2）能让用地单位考虑经济成本，从而尽量避免占用耕地，起到保护耕地的作用。

二、建设高标准农田，保障粮食生产能力

甘肃省白银市辖区有一个平川区，位于甘肃省中部，黄河岸边。特殊的地理位置，决定了平川区农业发展的不均衡。由于平川区东北有六盘山，东南有秦岭作屏障，东南暖湿气流不易到达，降雨量少，气候干燥，北近腾格里大沙漠，地域开阔，无高山阻隔，西伯利亚寒流易于入侵，冬季寒冷且持续时间长，风沙、霜冻危害频繁，这对该区不少地方的农业生产是很大的挑战。加上长期以来，由于受经济条件的限制，平川区大部分耕地一直未能建立完善的农田水利配套设施，抵御自然灾害的能力不强，条田不平整，种植结构复杂，土地利用程度较低，农作物产量低下。

国家实施高标准基本农田建设的决策，如一股春风，吹醒了平川沉寂已久的土地，带来了新的希望。平川区启动实施了种田乡高标准基本农田建设项目和复兴乡高标准基本农田建设项目两个项目，总规模 12518.4 亩，总投资 1111 万元，涉及种田乡和复兴乡 7 个行政村，直接让 790 人受益。通过田间道路以及土地平整等工程的建设，“旱能灌、涝能排、田成块、路相通”的功能已雏形渐显。这里道路畅通了，地块平整了，生态环境改善了，群众生产生活更方便了，群众的收入也增加了。

目前正在实施的平川区黄峤乡神木头村、复兴乡上汉村和种田乡高标准基本农田建设项目，总规模 15296.7 亩，总投资 1300 万元，涉及黄峤乡、复兴乡和种田乡 8 个行政村；正在组织申报平川区种田乡花道子高标准基本农田建设项目，总规模 11314.05 亩，总投资 1000 万元。项目建成后将对平川区改进农业生产条件、发展旱作农业、优化水资源利用、促进农民增收、改善生态环境等发挥重要作用。

高标准基本农田，是指土地平整、集中连片、设施完善、农电配套、土壤肥沃、生态良好、抗灾能力强，与现代农业生产和经营方式相适应的旱涝保收、高产稳产，划定为永久基本农田的耕地。

高标准基本农田建设，即以建设高标准基本农田为目标，依据土地利用总体规划和土地整治规划，在农村土地整治重点区域及重大工程、基本农田保护区、基本农田整备区等开展的土地整治活动。中国正在进行的大规模高标准基本农田建设，将推动中国出现一大批高产稳产农田，进一步保障中国

高标准基本农田

的粮食生产能力，强化国家的粮食安全。

三、盐碱地改良，化荒滩为良田

“渤海粮仓”是一项巨大的农业科技工程，涉及110多万平方千米土地和2.6亿人口，分别约占全国总国土面积的13.3%和总人口的22.2%。渤海粮仓科技示范工程由科技部、中科院牵头，项目区域涵盖环渤海地区的辽宁、天津、河北、山东4个省市，计划将5000多万亩中低产田和盐碱荒地改良成高产田，实现粮食增产50亿千克的目标。

环渤海地区目前有4000多万亩中低产田和1000多万亩盐碱荒地，合计5000多万亩。经过盐碱地改良和培育耐盐粮食品种，到2020年平均每亩增产100千克，实现50亿千克的增产潜力，有望建成渤海粮仓。根据规划，渤海粮仓山东项目区主要分布在东营市利津、垦利，滨州市无棣、沾化，德州市夏津、庆云、宁津等县（市、区）。作为山东省渤海粮仓示范工程的首批实施区域，东营万亩试验区小麦平均亩产于2013年达到303.5千克，创造了在土壤含盐量为0.3%的盐碱地种植小麦的高产纪录。

昔日大片盐碱地

盐碱地改良后水稻丰收

渤海粮仓计划的核心工作在于对盐碱地的改造。盐碱地是盐类集积的一个种类，是指土壤里面所含的盐分过高，并且影响到作物的正常生长。根据联合国教科文组织和粮农组织不完全统计，全世界盐碱地的面积为 9.5438 亿公顷，其中中国占了 9913 万公顷。中国碱土和碱化土壤的形成，大部分与土壤中碳酸盐的积累有关，因而碱化程度普遍较高，严重的盐碱土壤地区几乎不能让植物生存。盐碱地改良即指通过降低土壤的碳酸盐浓度，使得土地能够进行农业生产。盐碱地形成的根本原因在于水分状况不良，因此改良重点应放在改善土壤的水分状况上。改良盐碱地一般分下列几个步骤进行：首先，排盐、洗盐，降低土壤盐分含量；然后，种植耐盐碱的植物，培肥土壤；最后，种植农作物。

由于自然地理条件及历史原因，中国还存在大量不能耕种的盐碱地，这些土地在人多地少的中国也是弥足珍贵的。目前中国已经开始了大面积的盐碱地改造工程。通过技术手段，将不能耕种的盐碱地变成可以进行农业生产的耕地，再经过一段时间的滋养，最终使其成为高产的良田。如果这一目标得以实现，无疑将极大地提高中国粮食的生产能力。

四、移土培肥，让耕地起死回生

广西壮族自治区桂林市的临桂区是一个新区，2009—2013 年间，累计申报新增建设用地 2.25 万亩，占用的耕地中，超过一半为水田，且土地后备资源严重不足。现实让当地党委、政府意识到，要确保项目落地的同时让“饭碗端在自己手里”，必须开展耕地耕作层土壤剥离再利用工作，实现物尽其用、变废为宝。2014 年 4 月起，临桂区政府要求凡建设工程占用耕地的，必须先剥离耕作层，专项用于新开垦耕地项目。在实施过程中，临桂区坚持政府主导、科学规划、统筹推进，使剥离工作与土地利用总体规划、占补平衡项目等相结合，同步实施，实现了“即剥即用、占优补优、耕地搬家”的目标。目前，临桂区有 1200 多亩被征用耕地实现了“起死回生”，剥离的表土可新造田地 2000 多亩，提高质量两个等别以上，基本满足了该区近期耕地开垦和占补需要。

桂林市这一措施实际上是在质量上对耕地实施保护，即防止水土流失，耕

耕作层剥离再利用

地沙化、盐碱化、贫瘠化等。移土培肥指的就是耕地耕作层土壤剥离再利用，是近年来中国耕地保护、土地管理、农业发展领域的一项新举措。最早从三峡工程建设开始的这一做法，就是在移民搬迁、拆迁建设、农地征用时，把农田肥土层剥离出来，转移至原来较贫瘠的土地上，以保护资源、改良土壤、种植作物。近年来，吉林、贵州、甘肃、重庆、湖北等省、市都在加快推动这一工程。

耕作层是耕地的精华，农业生产的物质基础。长期以来，占用耕地后，把耕作层土壤当作土料使用甚至废弃。耕地“起死回生”工程，蕴藏着惊人的潜力，如果对中国每年占用耕地进行耕作层土壤剥离利用，可再造 200 万亩以上优质耕地或改造中低产田 350 万亩。

五、土地整理，确保耕地质优量足

河南省周口市西华县是全国有名的产粮大县。2014 年全县进行了大规模的土地整理，项目共投资1.6亿元，整理土地16.07万亩，涉及7个乡镇48个行政村。此次土地整理的重点在于建设“旱能浇、涝能排”的高标准基本农田，提高土地产能。西华县土地整治项目共新修田间道路282.3千米，新打机井1457眼，新挖排水沟渠27.995千米。2014年抗旱时，西华县土地整理效果开始显现，一排排机井源源不断地供水，为西华县粮食稳产、增产打下了坚实的基础。

河南省周口市西华县实施的土地整理，是从数量上与质量上对耕地实行保护。土地开发整理包含土地整理、土地复垦和土地开发三项内容，三者都是通过人为手段挖掘土地的潜力，扩大耕地的空间和深度，只是实施的侧重点有所不同。

土地整理是指采用工程、生物等措施，对田、水、路、林进行综合整治，增加有效耕地面积，提高土地质量和利用效率，改善生产、生活条件和生态环境的活动，侧重于提高耕地的质量。

周口市西华县土地整理效果

土地复垦是指采用工程、生物等措施，对在生产建设过程中因挖损、塌陷、压占造成破坏、废弃的土地和自然灾害造成破坏、废弃的土地进行整治、恢复利用的活动，侧重于恢复被破坏的耕地。

土地开发是指在保护和改善生态环境、防止水土流失和土地荒漠化的前提下，采用工程、生物等措施，将未利用的土地资源开发成宜农地的活动，侧重于把非耕地变成耕地。

六、划定永久基本农田，切实保护耕地

2015 年年初，河北省全面启动永久基本农田划定工作，城镇周边、交通沿线现有易被占用的优质耕地，将被优先划为永久基本农田。永久基本农田一经划定，会实行特殊保护，不得随意调整。这一工作进而也严格控制了盲目扩大城镇建设用地规模。

河北省国土资源厅、农业厅已经制定《永久基本农田划定工作方案》。方案要求，按照城镇由大到小、空间由近及远、耕地质量等别和地力等级由高到低的顺序，将重点地区、重点部位的耕地优先划为永久基本农田。

永久基本农田保护标志

河北省提出，永久基本农田划定要以县级行政区域为基本单位，省、市、县三级联动，国土资源、农业、财政、住建、林业、环保等部门协调合作，规范有序推进，确保永久基本农田布局基本稳定，质量有提高，数量不减少。到2017年，共划定永久基本农田2398万亩，并将1002万亩的平原优质耕地划为永久基本农田示范区。

不仅仅在河北省，中国各地都在按照一定时期人口和社会经济发展对农产品的需求，依据土地利用总体规划，确定不得占用的耕地，即基本农田。而永久基本农田则指无论什么情况下都不能改变其用途，不得以任何方式挪作他用的基本农田。永久基本农田是长期形成的可耕地，一经划定，实行特殊保护，不得随意调整，城市规划建设需绕道永久基本农田。

中国的耕地正面临着工业化和城镇化的严峻考验。中国耕地已由2000年的19.24亿亩减少到2007年的18.26亿亩。随着工业化和城镇化进程的加快，仍要占用一定数量的土地。但是，在人口增加和城乡居民生活水平不断提高的情况下，社会对农产品需求必将继续增长，这就要求中国必须保持必要数量的耕地。为此，中国实行了最严格的耕地保护制度，坚决守住18亿亩耕地红线。

随着城市的不断扩大，各地占用耕地的现象越发普遍。截至2014年11月，中国有12个省区市建设用地总量已接近中国国务院批准的2020年规划控制目标数。这一现象在北上广深等大城市格外突出。调查结果显示，北京、上海、天津三大直辖市距突破2020年耕地保护指标已是“咫尺之遥”。与1996年第一次土地调查结果相比，北京市耕地净减11.67万公顷，年均减少8981公顷；北京市2020年年末，全市耕地保有量指标为21.47万顷，仅剩1.24万公顷农用土地可供占用。

除了城镇建设对耕地的占用，耕地自身的退化亦威胁着18亿亩耕地红线。耕地退化面积占耕地总面积的40%以上。据第二次中国土地调查数据显示，1996年至2009年，中国减少耕地逾2.03亿亩，且大多数是优质耕地，仅东南5省就减少水田1798万亩，相当于减掉福建全省的水田面积。

在这样的背景下，划定永久基本农田，守住18亿亩耕地红线就成了支撑中国粮食安全和长远发展的重要手段。“但存方寸地，留与子孙耕”，做好永久基本农田划定工作是贯彻落实“十分珍惜、合理利用土地和切实保护耕地”基本国策和国家粮食安全战略的基本要求，是贯彻落实国家新型城镇化战略、生态文明战略的重要举措，是尽职尽责保护耕地资源的重要任务，是实现中国梦的基石。

第三节　农田水利建设

一、发展农田水利，保证节水增收

四川省宜宾市翠屏区是中国著名的茶乡，为了进一步提高早茶品质，打破低海拔的自然条件限制，翠屏区政府、区农牧局和当地农业科研机构在原有“雾灌技术”的基础上，共同研发了“茶叶节水雾灌技术”。

雾灌是通过有压管网将加压的水输送到田间，再经过特制的雾化喷头，使水呈雾状喷洒，雾灌雨滴直径小于 0.5 毫米，如牛毛细雨，使作物处于云雾覆盖中。这一技术既补充了土壤水分，又可增加作物的株间湿度，调节株间温度，改善田间小气候，节水、增产效果十分明显。

宜宾市翠屏区自主研发的“茶叶节水雾灌技术”与传统“雾灌技术”颇有不同。这种技术通过在茶园铺设水网和喷头，让云雾机打破常规，人工制造云雾，进而产生有利于茶叶生长的漫射光，改善茶园生态小气候，促进茶叶内含成分积累，提高茶叶生物产量和品质。

经过反复试验和实地勘测，翠屏区最终选择在明威乡燕山村和义和村交接的低海拔茶山上建设节水雾灌系统。该示范区平均海拔只有 340 米左右，整个系统包括过滤系统 2 个、装主管 2200 米、支管 3000 米、毛细管 21600 米、雾化喷头 7000 个。根据初步测算，云雾系统运行 1 小时仅耗电 9 分钱 / 亩，而建设云雾系统可促进早茶每亩平均增产 25%，加之品质提升，每亩平均增收 3000 元以上。

四川省宜宾市翠屏区的技术创新正是全国各地正在进行的节水灌溉工程的重要缩影。节水灌溉工程是指依靠工程技术手段，最大限度地减少输水过

宜宾市翠屏区低山早茶雾灌系统

程中水的损失，提高水分利用效率的灌溉工程。人多、地少、水缺是中国的基本国情，中国人均水资源量仅为世界人均水平的 28%，全国 2/3 的城市供水不足。农业是用水大户，近年来农业用水约占全国用水总量的 62%，部分地区为 90% 以上，而且农业用水效率不高，节水潜力很大，发展节水工程是中国农业可持续发展的必然要求。

二、南水北调，平衡水资源

南水北调工程就是把中国长江流域丰盈的水资源抽调一部分，送到华北和西北地区的国家战略性工程，旨在缓解中国华北和西北地区水资源的短缺情况。中国南涝北旱，但南水北调工程通过跨流域的水资源合理配置，促进南北方经济、社会与人口、资源、环境的协调发展。

南水北调工程分为东线、中线和西线三个部分，目前东线和中线工程已经部分完工。

东线工程可为江苏、安徽、山东、河北、天津 5 省市净增供水量 143.3 亿

南水北调中线引江济汉工程

立方米，其中生活、工业及航运用水66.56亿立方米，农业用水76.76亿立方米。东线工程实施后可基本解决天津、河北、山东等地区的水资源紧缺问题，并具备向北京供水的条件，促进环渤海地带和黄淮海平原经济的发展，改善因缺水而恶化的环境，为京杭运河济宁至徐州段的全年通航保证了水源。

中线工程通水后，一期工程将为北京送水10.5亿立方米，占城市生活、工业新水比例的50%以上。按照北京目前约2000万人口计算，人均可增加水资源量50多立方米，增幅约为50%。该工程通水后，不仅可以提升北京市的供水保障率，还将增加北京水资源战略储备，减少使用地下水资源，并将富余来水适时回补地下水。

中国地域辽阔，人口众多，水资源紧缺，且时空分布差异很大，水旱灾害频繁，长期以来中国人民受益于水，也受制于水。利用现代科学技术，建设引水工程，平衡水资源，是解决农田灌溉问题，从而促进中国农业繁荣的有效手段。

因此，中国政府长期以来非常注重水利工程建设，每年都投入大量资金

南水北调中线工程定州渠道

和人力，专门进行重大水利项目的修建。在“十三五”规划中，更是提出了要建设 172 项重大水利工程，实现新增年供水能力 800 亿立方米、农业节水能力 260 亿立方米，增加灌溉面积 7800 多万亩的宏伟目标。

三、续建配套工程，保证水利毛细血管畅通

安徽省淠史杭灌区地处华东腹地，地貌以平原、丘陵和低山为主，地形复杂，气候特征属于典型的南北过渡地带。独特的地理环境和气候，决定了其必须面对水旱频发的困局，也使该地区农业生产对灌排工程依赖性更强。淠史杭灌区建于20世纪80年代，受当时经济社会条件所限，渠系建设不配套，工程建设标准较低，加之经过多年运行，在所难免地受到工程老化失修、灌溉效益衰减等问题的困扰。

2011 年 9 月，淠史杭灌区管理局投资 820 万元，建设了支渠续建配套项目，实施了水、田、林、路综合治理，把滴漏严重的土渠改造成了混凝土渠道。工程完工后，渠道输水能力更高，灌溉更有保证，亩均用水量从 430 立方米下降到 400 立方米。如今，淠史杭灌区以占安徽全省 14% 的水资源，滋

淠史杭灌区重要组成部分——安徽六安龙河口水库

养了安徽省 1/6 的耕地，保障了 1330 万人口的饮水安全，支撑了安徽 25% 的区域的生产总值，被灌区人民誉为“生命之源”“发展之源”“小康之源”，成为安徽省经济社会发展的坚强基石。同时，灌区的续建配套工程不仅在服务农业发展、保障粮食安全方面起到了重要的基础作用，而且在改善生态环境、涵养水源、遏制水土流失等方面发挥了巨大效益。

淠史航灌区续建配套工程，是指各灌区为充分利用天然河流、湖泊或大型水利项目提供的水源而建设的相关水利工程，如输水管、沟渠、加压泵、蓄水库等。如果说江河是水利网的动脉，那续建配套工程就是水利网的毛细血管。只有完善了灌区配套水利系统，才能有效发挥天然河流、湖泊及大型水利项目的灌溉作用，才能真正保证农田得到灌溉。

第四节　改善植保条件，提高粮食产量

一、粮食丰产科技工程，让科技给农业注入新活力

吉林省是中国粮食丰产科技先进省份之一。在吉林省农业科学院的牵头下，科研人员针对玉米、水稻增产增效，节本生产的主要问题，围绕“良田良种良法”开展技术攻关，相继创造了中国春玉米亩产超吨粮、十亩连片超吨粮、百亩连片超吨粮、百亩全程机械化超吨粮等一系列高产纪录。2014年，吉林省粮食丰产科技示范面积已达全省粮食播种面积的44%，而粮食产量占全省粮食总产量的55%以上。

吉林省田丰机械种植专业合作社是吉林粮食丰产科技工程技术示范基地之一。合作社拥有362户农户，托管土地面积584公顷。农业综合增产科技的应用给该合作社带来了巨大的效益，合作社农户每公顷土地的平均产量能

玉米成熟了

机械化收割

达到 14124 千克，而附近农户每公顷土地的平均产量为 11351 千克，合作社比普通农户每公顷产量高 24.4%。

粮食丰产科技工程是中国政府为确保国家粮食安全和农业增产、农民增收而实施的一项重大科技工程。该工程立足东北、华北和长江中下游三大平原，涵盖湖南、江苏、湖北、江西、四川、安徽、河南、山东、河北、吉林、黑龙江、辽宁等 12 个粮食主产区，以水稻、小麦、玉米三大粮食作物为主攻方向，坚持技术集成、技术创新与示范应用三条路线并举，大力开展大面积集成研究与示范、丰产共性关键技术研究、产后减损增效技术研究，通过“一田三区”（攻关田、核心区、示范区、辐射区）建设和示范开发，为全面带动中国粮食丰产丰收提供技术支撑。

粮食丰产科技工程分为两个目标阶段：第一阶段是 2004—2006 年，主要通过整合技术资源，为中国粮食产量达到 5 亿吨提供技术支撑；第二阶段是 2007—2010 年，主要突出技术创新的进一步集成示范，培育超高产示范田，为实现粮食产量增长到 5.4 亿吨提供关键技术支撑。

二、提供优质生产服务，节本增收

随着工业化、信息化和城镇化的高速发展，农村的高素质劳动力日益短缺。如何在家庭联产承包责任制不变的条件下，把科技网络向村、组、户延伸，这是生产力发展对生产关系提出的要求。然而农业科技成果的推广、运用，离不开健全完善的科技服务体系，否则科技成果和适用技术就不能被广大农民所掌握，就不能得到很好的转化。

解决这一问题，出路在构建新型农业经营服务体系。创新农业经营方式和体制机制，构建兼业农户正常生产、一般农户集约化生产、新型经营主体规模化经营和农业社会化服务为特征的现代农业经营体系。以科技服务为桥梁，把以户为基础的生产单位同社会化生产联系起来，大面积推广科研试验总结出来的成功经验，实行产前、产中、产后一条龙服务。只有建立健全科技服务体系，才能把农业科技成果送到经营主体和各个生产环节，使科技成果的研制者、传播者、接受者能够融为一体。

经过一年多对土默特右旗所有乡村的调研，三个“90后”大学生和研究生在内蒙古成立了邦福公司。由高松领头创立的邦福公司共有员工7人，另邀请内蒙古农业大学3位老师，组成一个团队，以科技服务体系发展农业现代化生产。

土默特右旗约有30万人，其中约7万人外出打工，占全县农村人口的1/3左右，留下的农户以老幼病残为主。土默特右旗缺乏青壮年劳动力，空心化严重。土默特右旗共有耕地150万亩，约有4000座大棚，占地1.1万亩，平均约3亩/座，但90%以上的大棚处于闲置状态。全旗主要的农作物是玉米，玉米种植面积占耕地面积的90%以上。

土默特右旗农户的经营方式较为简单直接，只考虑销售产品赚取利润，而不考虑销售出去的产品的使用效果和配套服务，缺乏完善的经营服务体系。除此以外，很多农户不会使用购买回来的农资产品，或者由于没有掌握到相应的操作技术，导致使用效果不好。于是很多农资产品被闲置了，造成农资产品的大量浪费以及农户对农资产品和农资企业的信任度降低。

高松团队经过调研后，决定瞄准现代农业的制高点，以发展农业循环经济为切入点，建立农业产业内部循环模式，形成了“服务体系＋龙头企业＋特色基地＋农业品牌＋改革探索＋产业融合”六位一体的主导模式，建立了种收培护、生态养殖、生物质能源、销售、出口贸易、冷链物流配送、农机服务、基础设施建设、科研开发、农村业务代办、就业职业培训、劳动力输出、生产加工、经营管理、金融扶持、创业孵化园、旅游度假、餐饮娱乐、公益慈善、健康养生、互联网信息咨询等园区配套。

为了解决农户资金短缺的问题，高松团队引入了金融和保险，激活农村金融服务链条，把农业保险作为支持农业发展的重要手段，与银行和保险公司达成战略合作，解决了老百姓在生产经营过程中的燃眉之急。

高松团队着力实施“藏粮于地，藏粮于技”战略，科技兴农，帮农得福。2015年，他们使用生命素在农田做了大量的试验，有效增收234.8~534.8元/亩；尝试使用了新型机械来做农业专业化植保，解决了农业生产中病虫害难以控制的问题；采用机械喷施，实现了普通劳动力向职业农民的转型，开创了劳动力扶贫就业的好途径。同时，他们依托“互联网＋”技术，解决了农产品的

飞机在为玉米喷施营养液

销路问题。

高松团队计划用5年时间，建成科技服务站16个、科技服务点282个，有效覆盖土默特右旗150万亩土地。届时，土默特右旗将实现总产值超过1000亿元、利税30亿元、带动循环消费流量2000亿元的产业规模，促进地方及社会就业20万人次，惠及数万个农户家庭。

高松式的生产服务解决了农业现代化生产中一系列突出矛盾，使农业生产要素的效能得以充分发挥。这一服务模式得到了由国内23所农业高校教师组成的中国农业企业经营管理研究会专家的高度评价。

三、植物保护工程，为植物筑起安全防线

2012年春，福建省福州市顺昌县林业局森防站在各乡镇林业站的配合下，在全县范围内组织开展对松材线虫病、松突圆蚧、松墨天牛等检疫性病虫害及马尾松毛虫、刚竹毒蛾等主要食叶害虫的监测调查工作。此次监测调查共调查样地967个，调查面积达100万亩，监测面积999720亩。经调查发现，林业有害生物发生面积为22839亩。县森防站订购了白僵菌粉炮5.8万个，并展开以生物防治为主的病虫害治理工作，确保森林生态资源免遭重大破坏。

顺昌县林业部门除了积极筹措资金、提前部署、完善病虫害防治预案之外，还向省政府申请了生物防治补助资金，总金额为140万元。这些资金投入后，全年林业有害生物监测调查面积扩大到了300万亩，综合防治面积达到8万亩，真正为森林筑起了一道安全防线。

顺昌县的植物保护工作是国家高度重视植物病虫害防治的一个典型案例。中国是世界上农作物病虫害最严重的国家之一。农作物生物灾害发生频繁，危害严重，损失巨大。据统计，全国范围内农作物病虫草鼠害发生种类有1700多种，可造成严重危害的有100多种，水稻、小麦、棉花、玉米、蔬菜、果树等作物重大有害生物年发生面积50亿~60亿亩次。根据联合国粮农组织自然损失率30%以上测算，在不采取防控措施的情况下，每年农作物病虫害会给中国粮食产量造成1500亿千克的损失，给油料造成68亿千克的损失，给棉花造成190多万吨的损失，给果品、蔬菜造成上亿吨的损失，潜在经济损失

5000亿元以上。

植物保护是农业防灾减灾的重要组成部分之一，其主要任务是农作物有害生物的监测预警、防治指导、植物检疫、控制扑灭、农药管理、安全用药、技术服务等，具有基础性、公益性、技术性、强制性、国际性等特点。其主要作用是确保国家农业生产安全，保障农产品质量安全，减少环境污染，维护公众健康。

中国一贯高度重视植物保护工作，为建立起与农业生产相适应的植物病虫害防控体系，农业部1998年提出植物保护工程建设规划建议。长期以来，中央累计投资22.5亿元，建设了一批重大病虫害监测、危险病虫害检疫防疫、重大病虫害控制和农药检测项目，在加强病虫害防控方面发挥了重要作用，使局部地区的一些重大农作物有害生物得到较好控制，取得了显著的经济、社会和生态效益。

在植物保护的手段上，中国主要采取的是病虫害统防统治的措施。农药

病虫害防治统治示范现场

是把“双刃剑”，在消灭病虫害、帮助农业增产的同时，也给环境带来了污染。而农作物病虫害统防统治是指具备相应植物保护专业技术和设备的服务组织，开展社会化、规模化、集约化农作物病虫害防治服务的行为，可以有效地降低农药的使用。专业化统防统治对于农业产业规模化、集约化的经营，农业机械化水平的提升，农产品品质的提质，农资科技的推广普及，农村经济合作组织的建设，乃至农民群众的增收、农业产业的增效，都有着一定的积极意义。

结构篇

业态统筹，复合增值

导 语

本篇重点讨论的是农产品结构，即通过结构优化，让市民吃得更好，让市场更丰富，让农民收益更高。

新中国建立初期，种植业基本就是农业的代名词。那个时期的中国贫穷落后，生产力极不发达，人民的温饱问题是当时农业亟待解决的首要问题。在那个年代，中国农业超过 90% 的产值都是由种植业创造的，畜牧业极少，渔业和林业基本没有。

及至 20 世纪 70 年代，中国基本解决了人民吃饱饭的问题，开始思考农业结构的调整。那时候的中国，种植业产值占农业总产值的 82%，畜牧业为 14%，渔业和林业都只有 2%。在今天看来，这并不是一个科学的农业结构，但

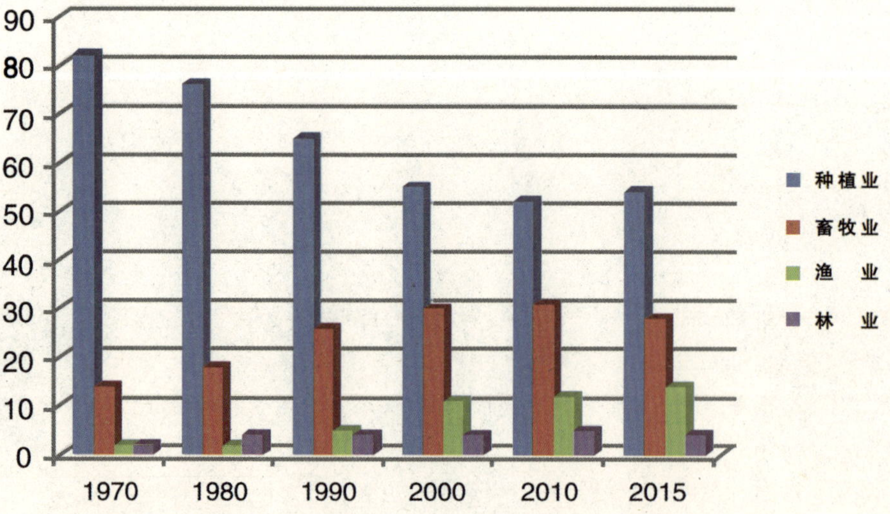

1970—2015 年中国农业产值构成比例变化

这是特殊历史条件下的必然，在贫穷落后的条件下，中国农业只能分两步走，第一步先要让人民吃饱，第二步才是让人民吃好。

1970年以来，尤其是改革开放之后，中国政府一直在尝试对农业生产结构进行调整和优化，努力的结果就是中国农业产值中，种植业的比例逐渐下降，畜牧业、渔业和林业所占比例快速上升。2010年，畜牧业总产值占农业产值的比例已经超过30%，渔业已经超过10%，这说明中国的农业发展正变得多样化与科学化。

新中国建立初期选择优先发展粮食生产是历史的必然，今天的中国强调农业结构的调整同样是时代的选择。改革开放以来，中国的农业和农村经济结构调整虽已取得了一定的成效，但这些调整依然是初步的、低层次的和阶段性的。进入新的发展阶段后，农业和农村经济结构性矛盾日益凸显，突出表现在三个方面：（1）农产品质量不高，名优产品比例低。（2）一般性品种多，专用品种少；初级产品多，加工产品少。（3）虽然农业生产的区域化分工有了一些进展，但区位比较优势尚未充分发挥出来，区域性农作物不同程度地存在大而全、小而全问题。在结构调整中，地区之间重复投入，造成了盲目竞争和资源浪费。

因此，对今天的中国来说，调整农业结构成为了与保证粮食产量同样重要的课题。中国的粮食产量已经实现了“十二连增”，突破了6亿吨大关，但农业结构不合理的问题依然没有得到解决，农产品品质、品种不能适应市场需求，养殖业长期依附于种植业，缺乏独立性等问题阻碍着中国农业进一步的发展。今天的中国，正将改革作为发展的动力，积极调整农业产业结构，努力适应市场的需求，保证农业全面可持续发展。

第一节　调整种植业结构

一、优化种植业结构，提高农业效益

同江市位于黑龙江省东北部松花江与黑龙江两江交汇处，长期以来以种

黑龙江省同江市的稻田

植大豆为主。近年来，同江市通过政策驱动、宣传发动、示范带动等多措并举，引导广大农民改变传统种植方式，不断优化农作物布局，调整种植业结构，积极帮助农民致富。同江市依据自身资源优势，制订了符合当地实际的调整目标，采取了“两增一减”措施，即增加水稻、玉米的种植面积，减少大豆的种植面积，提高经济作物比例。2013 年，全市实现总播种面积 225 万亩，其中水稻75万亩、玉米80万亩、大豆50万亩、蔬菜7万亩、杂粮杂豆等13万亩，优质高产粮食作物播种面积占总播种面积的 61%。结构调整的最大受益者是当地的农民。同江市青河乡永祥村的一位村民表示，改种水稻以后，现在每亩地收入是以前种植大豆的收入的 4 倍，老百姓在这方面得到了明显的实惠。

无独有偶，甘肃省白银市会宁县近年来也在积极进行着种植业结构的调整，根据自身特点，全力发展中药材种植、蔬菜产业和林果业等特色产业。会宁县采用公司与农户合作的模式，利用公司的资金和技术，帮助农户进行生产。目前，全县的中药材种植面积已经超过 18000 亩。从种植区域分布来看，在

会宁县苹果

会宁县果蔬大棚

全县 28 个乡镇中，种植面积在 2000 亩以上的乡镇有 3 个，种植面积在 2000 亩以下 1000 亩以上的乡镇有 3 个，种植面积在 1000 亩以下 500 亩以上的乡镇有 7 个，其余乡镇的种植面积在 500 亩以下。林果业方面，2014 年新栽种苹果树苗 1 万亩，新栽种核桃树苗 2 万亩。同时，全县已累计整合资金 1000 万元，主要用于苗木补贴，苹果苗木补助 200 元 / 亩，核桃苗木补助 400 元 / 亩。蔬菜产业方面，2014 年全县蔬菜种植面积接近 9 万亩，新建日光温室 50 亩。为扶持蔬菜产业发展，会宁县扶贫办整合扶贫开发项目资金 200 万元，主要用于日光温室、塑料大棚设施建设补助，高原夏菜良种及菜用早熟马铃薯种薯补贴等方面。

种植业结构优化是近年来中国农业发展的一项新课题。改革开放以来，中国种植业取得了长足的进步，基本解决了中国人的温饱问题。随着国民经济的持续快速增长，人民生活水平的不断提高，主要农产品供求形势发生了变化，传统的种植业结构不再适应市场的需求，出现了一些结构性的问题。其突出表现在这样几个方面：部分农产品出现阶段性、结构性供大于求，库存积压严重；地区间种植结构雷同，专业化、商品化水平较低；品种结构不合理，一般性品种多，专用产品少；农产品质量不高，优质产品相对不足，劣质产品积压卖难；农产品深度开发滞后，初级产品多，加工产品少，精深加工品更少等。

种植业结构调整，就是按照自然规律和经济规律，科学合理地配置生产要素，调整生产力在不同区域、不同作物和不同品种之间的布局，使之与整个国民经济结构调整和发展相适应。针对中国现阶段的国情，中国政府提出从三个方面对种植业结构进行调整：

1. 调整农作物结构，实现总量基本平衡。实现农产品总量基本平衡，特别是确保国内粮食安全始终是种植业结构调整的基础。从中长期发展趋势看，随着国民经济的持续快速增长，人口的增加、生活水平的提高和食物结构的改善，加上人多地少、人均农业资源不足、基础生产条件脆弱、物质和技术装备落后等基本国情，国内粮食安全的压力将长期存在。从战略上考虑，必须坚持“不放松粮食生产，积极发展多种经营”的方针，继续重视和加强粮食生产，重点是保护和增强粮食的综合生产能力，确保国内粮食自给率在95%以上。与此同时，要面向国内外两个市场，利用国内外两种资源，参与国际分工、竞争和合作，调整农产品对外贸易结构，积极发展水果、蔬菜、花卉、茶叶、蚕桑等劳动力、技术密集型的经济作物生产，努力开拓国际市场，提高中国农产品在国际贸易中的份额。

2. 调整品种结构，全面提高农产品质量。研究分析不同用途、不同消费层次、不同地区对农产品数量和质量的需求，尽快淘汰劣质、一般性品种，努力扩大优质、专用、适销对路品种比重，积极开发创新产品，满足市场对农产品多样化、多层次、优质化的需求，促进农产品结构的优化升级。粮食生产要尽快淘汰南方早抛稻、江南冬小麦和东北春小麦中的劣质品种，大力发展优质专用稻谷、小麦、玉米、大豆生产。油料品种结构调整的重点是扩大长江流域油菜种植面积，提高双低油菜比重，逐步提高国内食用油的自给率。水果生产要控制苹果、柑橘、梨等大水果生产，扩大优质小水果比重，重点调整树种结构，发展加工型水果生产。发展优质专用农产品，要做好品质区划工作，选择最适宜区集中规模建设生产基地，要上规模、提档次、创名牌，走区域化种植、专业化生产、产业化经营的发展道路。要把食品安全作为提高农产品质量的重要措施来抓，大力发展有机农业、绿色农业和无公害农业。

3. 优化区域布局，实现专业化规模发展。充分发挥自然、经济、市场和技术等区域比较优势，积极优化种植业区域布局，建立专业分工明确、各具特色的区域优势产业。首先，从战略上调整种植业在东、中、西部地区的布局，东部沿海和大中城市郊区，重点建设高标准的现代农业园区，积极发展高科技、高投入、高效益的外向型、高效型农业，率先实现农业现代化；中部地区以改造中低产田为重点，集中连片治理，增强综合生产能力，建立优质高产高效的大宗农产品商品基地；西部地区及生态脆弱地区，组织实施西部大开发战略，以生态环境建设为中心，坚决实行“退耕还林（草）、封山绿化、以粮代赈、个体承包”的措施，大力发展生态农业、节水农业和特色农业，发挥气候、品种多样性的优势，积极开发区域性名特优新农产品生产。其次，优化区域内作物结构，淘汰不适宜区，调减次适宜区和压缩零星分散的低产低效农作物面积，发展最适宜区、适宜区农作物生产，发展不同类型的专业化生产区、区域性产业带，提高种植业商品化、专业化、集约化水平。最后，积极发展县域经济，以一县一业、一乡一品为基本格局，集中开发特色优势产品，培植主导产品和支柱产业，促进县域经济健康发展。

二、培育特色农业，打造农业名片

河南省唐河县的龙潭镇积极发挥本地农民专业合作社的优势，积极培育地方特色农业产业，打造了龙潭镇特色农业产业品牌。

龙潭镇重点打造高新农产品。一方面，龙潭镇以各种渠道引进高新技术及农产品品种，提升龙潭镇农产品的市场竞争力，大力推广龙潭无籽西瓜品牌，发挥本地土壤、气候优势，结合当地市场资源，促进农民群众增产增收；另一方面，龙潭镇积极加大对大型养殖场的资金投入，吸引外地生猪、山羊、黄牛优良品种入驻，着力打造龙潭镇特色养殖品牌。截至 2015 年，龙潭镇已

唐河县黄牛养殖场

经建成农业专业合作经济组织20余个，社员320余人，辐射带动农户700余户。

这样的事情在云南省也同样发生着。2015 年，云南省红河哈尼族彝族自治州弥勒市启动了建设高原特色农业示范区项目，计划投资 45 亿元，建设 18 万亩高原特色农业示范区。

弥勒市为加快高原特色农业示范区建设，采取了政府投资、社会融资、企业合资、民间出资等多种方式，推进以水、田、路为重点的农业基础设施建设。其中，竹朋片区 2.5 万亩高标准农田项目已获农业部批复，实施方案通过评审，示范区耕地中的 60% 达到高标准农田标准。另外，这里还新建、改造田间路网 36 条，约 62.89 千米。弥勒市高原特色农业示范园区将逐步形成阡陌纵横、外联内通、高效便捷的现代交通路网。

截至 2015 年 7 月底，弥勒市围绕“十大基地”建设，高原特色农业示范区已发展种植优质烟叶 2.54 万亩、灯盏花 0.7 万亩、蔬菜 15.65 万亩、水果 9.59 万亩、绿色观赏苗木 0.54 万亩，新增出栏家禽 313.48 万羽、肉牛 2.18 万头、肉羊 3.01 万头、肉猪 44.44 万头。目前，弥勒市已累计完成投资 16.55 亿元，示范区亩均年综合收入已达到 1.45 万元，农户年人均纯收入已达到 1.13 万元。高

弥勒市的高原特色农业示范园

原特色农业示范园区正成为带动弥勒市经济社会发展、农户致富的“发动机”和“助推器”。

所谓“特色农业”，就是用区域内独特的农业资源开发区域特色名优产品，并转化为特色商品的现代农业。发展特色农业是中国农业结构调整的客观需求，是提高中国农业国际竞争力和农民收入的有效手段。培育特色农业有三个关键点：首先，要做到“人无我有，人有我优”；其次，要根据各地的自然条件设计产品，不能一味模仿；最后，要有耐心，要能接受一个较长周期的培育过程。

第二节　保障重要物资生产能力

一、加强油料作物生产

食用植物油是城乡居民重要的生活必需品。近年来，中国的油料生产出现了一系列问题，如油料生产效益偏低，农民种植积极性下降，全国油料种植面积持续下滑，产量徘徊不前等。针对这些问题，中国政府提出了加强油料作物的生产能力的四项措施：

1. 适当恢复种植面积，按照粮、棉、油统筹发展的思路，扩大长江流域冬闲田油菜种植面积，东北及黄淮海地区通过合理轮作、间作套种等途径，适当恢复大豆种植面积。

2. 努力提高产量，通过加快油料新品种、新技术的推广，努力提高油料单产水平。

3. 大力改善品质，使油料和大豆含油率提高。

4. 积极开发特种油料，大力发展种植芝麻、胡麻、油葵、油茶、油橄榄等作物，加强生产管理，提高单产水平。

二、重视糖料作物生产

食糖既是人们日常生活的必需品，又是食品工业的重要原料。近年来，受生产条件差、良种研发滞后、品种单一、机械化推进缓慢、人工成本增加较快以及国内外价格波动等多种因素影响，国内糖料种植业效益下滑，市场竞争力下降，糖业发展和蔗农增收受到影响。为此，中国政府提出了未来的发展技术路线：依靠提高单产，实现增产增收；依靠机械化，实现节本增效；依靠组织创新，实现蔗农和糖企互利互惠。

中国政府高度重视糖料生产能力，为此提出了 2015—2020 年的发展目标，主要有三方面内容：

1. 综合生产能力稳步提升。到 2020 年，糖料面积稳定在 2100 万亩，总产量达到 10400 万吨，比基期增加 635 万吨。平均单产水平 4.8 吨以上，其中糖料生产核心基地单产水平超过 6 吨。良种覆盖率提高到 95% 以上，商品化供种水平提高到 85%，分别比基期提高 10 个百分点、5 个百分点。

2. 生产条件逐步改善。到 2020 年，建设糖料生产核心基地 700 万亩，并

广西壮族自治区黑皮甘蔗种植基地

辐射带动其他地区基地建设，蔗田灌溉面积 810 万亩，灌溉率达到 39%，比基期提高 30 个百分点。蔗区全程机械化水平逐步提高，其中收获环节机械化水平由 2013 年的不足 4% 提高到 16%。

3. 集约化、产业化经营实现新突破。土地有序流转，适度规模经营取得积极进展。核心区订单农业全覆盖。农机、植保等专业生产组织服务能力增强。农业生产基地和制糖企业深度融合，利益分配机制日趋完善，产业持续健康发展。

三、发展天然橡胶，保障战略物资

海南省是中国最重要的天然橡胶生产基地，2013 年起开始在全省优质植胶区域内实施天然橡胶良种补贴，以促进优良品种的推广。全省补贴天然橡胶良种面积 16.11 万亩，补贴资金 2370.39 万元。其中地方民营橡胶 11.8 万亩，补贴资金 1943.7 万元；农垦橡胶 4.31 万亩，补贴资金 426.69 万元。补贴对象包括全省的植胶农场、农户和企业，补贴方式采用实物售价折扣的方

海南橡胶林

式，每亩补贴 33 株橡胶苗，每株补贴 5 元。

天然橡胶属于国家战略物资，中国作为大国有必要保证足够的天然橡胶生产能力。中国生产天然橡胶有 50 多年的历史，但由于气候和市场的原因，中国生产的天然橡胶与进口橡胶相比缺乏优势，因此中国的天然橡胶产业需要政府的扶持。近年来，中国政府加大了对天然橡胶产业的扶持力度，推出了天然橡胶良种补贴等一系列扶持政策，推动了天然橡胶产业生产能力的提高。

第三节　加快草牧业发展

一、粮改饲：人吃粮，牛吃草

山东省泰安市岱岳区范镇鑫源家庭农场现饲养了 700 余头奶牛。2014 年，该农场因新增了 300 多头奶牛，之前青贮的玉米秸秆已不能满足饲喂需

农户正在进行玉米青贮工作

要。为解决奶牛养殖优质饲草料短缺问题，该场在省、市、区各级畜牧兽医局的支持、指导下，积极探索“粮改饲”新模式，拿出种植的460亩小麦开展小麦全株青贮试验。

泰安市宁阳县恒新奶牛场也开始实行玉米全株青贮工作。该场拥有牧草试种基地600亩，小麦收贮完成后，种植专业饲草甜高粱、小黑麦，预计每亩可收获优质牧草16吨。他们计划种植一季后，将种植面积推广到3000亩，可满足8000头奶牛的饲喂需要。

“粮改饲”是近年来提出的新概念，指将粮食生产和饲料生产分开来，把粮食、经济作物二元结构改成粮食、经济作物、饲料作物三元结构。近年来，随着中国人民生活水平的提高，对口粮的需求逐渐下降，对肉、蛋、奶的需求逐步提高，因此“粮改饲”是适应市场需求的生产结构调整，为满足人民群众的多样化需求服务。

当前中国进行粮改饲的最主要途径是发展青贮玉米。青贮玉米并不是指玉米品种，而是指将新鲜玉米存放到青贮窖中，经发酵制成饲料或工业原料。这样的玉米用作畜禽饲料时口感更好，营养更丰富。

二、种养结合，发展循环经济

2007年开始，甘肃省庄浪县开始实行“粮—草—畜—沼”的循环经济模式，即种植20多万亩玉米，既保证了粮食满仓，又为8万头肉牛和50万头生猪提供了优质草料，育肥出栏的肉牛和生猪作为原料加工成肉食品，牲畜粪便排入1.13万眼沼气池，经发酵转化成沼气，沼气渣又作为肥料种植玉米。这种模式取得了资源节约、节能减排、效益提高“一石三鸟”的效果。

庄浪县种植了20多万亩玉米，粮饲兼用型玉米秸秆是牛和猪的好饲料。目前，该县有300口青贮池，每年青贮玉米秸秆饲料28万吨。在此基础上，庄浪县还建成了20个养猪小区和肉牛繁育中心，同时发展养殖业。该县通过招商引资，建成了2000吨畜产品深加工和2000吨香醋酿造生产线。这既延长了产业链条，又让育肥出栏的生猪和肉牛作为原料供应给该企业，让农民就地实现增收。2014年，庄浪县畜牧业纯收入达到1.25亿元。

庄浪县还实施了4个养殖污染治理项目，其中最典型的是金锁生猪养殖公司建成的利用循环经济圈转化生猪粪污的工程。该工程建成1200立方米的沼气池，并安装60千瓦的发电机组，每天发电400~500千瓦时，能满足该公司当天的用电需求。生猪产生的排泄物随时发酵转化，沼液和沼渣作为有机肥种植玉米，真正达到了节能减排。与此同时，庄浪县还大力发展沼气示范户1.13万户，示范推广生物养猪技术，实现了污染物零排放。

湖北省随州市洛阳镇九口堰蘑菇专业合作社在华中农业大学、市（区）食用菌协会等专家的指导下，通过创新开发出了"菇—稻"种植模式，即稻谷收割后在稻田里种植蘑菇的轮作模式。他们目前在稻田里主要以种植袋料香菇、双孢菇为主，兼种草菇、白灵菇、鸡腿菇、金针菇等。

"袋料香菇＋水稻"模式，即在10月初稻谷收割后，整田搭棚，将菌棒移入棚中，脱袋直立接地栽培。10多天后出第一批菇，至次年5月出菇结束，可采摘4~5批，每亩田可放1万袋，产量可达1万千克，按最低价格6元/千克计算，除去原料、人工费等成本约3万元，纯收入可达3万元。相比搭架的袋料香菇，地栽香菇省去搭架、划口工序，而且由于地栽香菇接地气，菇形

正在采摘稻田里种植的蘑菇

圆整、口感新鲜，其价格比架子菇高。此外，种菇的废料可以就地转化为肥料，促进粮食增产增收。

“双孢菇 + 水稻”模式，即在稻谷收割后，利用稻草、牛粪、秸秆等在稻田堆料发酵 20 天左右，然后开始起垄、点种、盖土，次年 3 月开始出菇，至 5 月上旬结束，可采摘 4 批，每亩可产菇 2500 千克，按 6 元 / 千克的价格计算，除去成本约 4000 元，每亩田纯收入 1 万多元，而种小麦每亩田的纯收入只有 500 元左右。

目前，合作社成员发展的“菇—稻”模式种植基地已经被列为随州市市级农业科技创新示范基地。在他们的示范带动下，洛阳镇有 600 多户农户采用“菇—稻”模式，种植面积 800 多亩，并且辐射到周边乡镇。

当前中国主要存在的种养结合模式有三种，即“草—粮—牛”模式、“粮—菜—猪”模式和“稻—菇—鹅”模式。

“草—粮—牛”种养模式是指以乳制品企业为基础，建立起以养奶牛为主体的综合种养模式，一般存在于牧草种植发达地区。该模式根据奶牛营养标准，配置耕地中牧草或饲料玉米的数量，保证满足奶牛对配方精料的需要，同时奶牛排出的粪便经过无公害技术处理后，又成为了有机肥料，被用于种植饲草、饲料。这样既可以防止环境和土壤污染，又可以保证奶牛产出的鲜奶达到绿色食品的标准。

“粮—菜—猪”种养模式是指由企业牵头，带动农户建立以发展养猪业为主体的综合种养模式，一般存在于养猪基础条件较好的农业区。该模式是按照猪的营养标准，配置相应耕地，种植猪所需要的优质饲料，而饲料的种植不施化肥，只施猪粪加工处理后的有机肥。该模式能够保证养殖所用的青贮精料无公害，保证生产的猪肉达到绿色食品标准。

“稻—菇—鹅”种养模式一般存在于水草资源丰富的农业区。采用该模式的企业将稻米副产品秸秆进行粉碎处理，作为平菇的营养基原料；再将生产平菇的副产品菌糠进行生物处理，作为鹅的饲料；又将养鹅产生的鹅粪、鹅绒等产品进行无公害处理，之后还田种植水稻。

无论是哪一种种养模式，都属于中国当前大力推进的种养结合循环经济模式。种养结合，是一种将种植业和养殖业结合发展的生态农业模式，该模式能够充分将物质和能量在动植物之间进行转化和循环。其主要做法是将畜禽养殖产生的粪便、有机物作为有机肥的基础，为种植业提供有机肥来源；同时，种植业生产的作物又能够给畜禽养殖提供食源。推行种养结合模式，一方面减少了环境污染、节约了肥水资源，另一方面也提高了农民收入、促进了农业发展。

三、培育选育畜禽新品种，打造自主品牌

中国是世界上畜禽遗传资源最为丰富的国家之一，原产中国的地方品种资源 555 个，约占世界畜禽遗传资源总量的 1/6。畜禽遗传资源是人类赖以生存和发展的战略性资源，对于畜牧业可持续发展具有重要意义。

“十二五”期间，中央财政专门安排了物种资源保护费，实施畜禽良种工程等项目，部分省份也设立了畜禽良种保护与利用专项财政资金，累计支持 182 个国家级畜禽遗传资源保种场、保护区和基因库，345 个省级保种场开展保护工作。今后，中央财政将继续支持中国畜禽遗传资源保护工作，从源头上保障中国种业基础。

“十二五”期间，中国培育了川藏黑猪配套系、Z 型北京鸭、金陵花鸡配套系等新品种、配套系，满足了人民群众多元化的消费需求。今后，国家农业部将统筹畜禽遗传资源保护与开发利用，深入挖掘畜禽遗传资源的优良特性和优异基因，促进新品种、配套系的产业化开发，打造自主品牌，提高特色畜产品供给能力。

天津奥群牧业是一家专门从事国外肉羊良种引进、繁殖、选育与推广的股份制企业，致力于为中国肉羊产业提供可持续性的、最具经济效益的种畜资源和肉羊配套系，是中国肉羊原种、新品种的龙头企业。

“十三五”期间，奥群集团在全国进行产业布局，按照“良种良法、种业带动产业”的思路，要在畜牧区建立十个分公司，实现贴近产区制种，提供优质种羊与技术，以“县域”为范围，为当地肉羊产业升级服务。奥群集团用升级版的肉羊产业，通过三位一体的生产合作模式，实现地方增收、企业发展双赢的局面。

总之，在中国丰富的畜禽遗传资源基础上培育出高产、优质、低成本的

天津奥群牧业公司的种羊拍卖大会

适合中国市场需要与养殖国情的种畜禽，是畜牧业发展的需要。培育出具有中国特色的畜禽新品种，是中国畜禽育种的唯一出路。只有这样，才能使中国畜牧业走上自主发展的道路。

第四节　鼓励农产品加工

一、补助产地初加工，提高产品品质

四川省作为中国农产品产地初加工补助试点省，目前全省已有18个市（州）的30个县（市、区）实施了农产品产地初加工补助项目，受益农户达16.9万户，服务现代农业产业基地达650万亩。项目实施后，普遍实现农产品产后减损10%~20%，效益十分可观。

以蔬菜产业为例，四川有近2000万亩的蔬菜种植面积，如果全面建设农

产品产地初加工项目，相当于增加了“百万亩级”的蔬菜产出，且可以有效解决农民卖菜难和农产品无法均衡上市的问题。目前，四川省已建设完成水果、蔬菜等各类农产品初加工设施 6218 座，形成农产品产地储藏保鲜能力 12 万吨 / 次，农产品产地烘干能力 1300 吨 / 日。

农产品产地初加工补助是对农产品收获之后，在产地的初级加工环节进行财政补助，主要目的在于提高农产品质量，减少运输过程的损耗。该政策自实施以来，中央财政共安排 10 亿元资金，带动地方和农民投资 23 亿元，补助农民专业合作社和农户建设 5 万座初加工设施，新增马铃薯贮藏能力 86 万吨、果蔬贮藏能力 67 万吨、果蔬烘干能力 43 万吨。

对新鲜农产品进行初级加工有诸多优点：

1. 减损增供，促进增收。农民建设贮藏、烘干设施后，马铃薯、水果、蔬菜产后损失率分别从 15%~20%、15%~20%、20%~25% 降低到 6%、4% 和 6% 以下，相当于每年增加产量 27.5 万吨，错季销售还可提高售价 30%~50%，农民由此增收 18 亿元。设施的使用寿命按 20 年计算，对新鲜农产品进行初级加工可为农民带来 360 亿元的收益。

四川省产地初加工补助政策出资建设的中小型保鲜冷库

2. 提高质量，促进加工。实施科学贮藏后，马铃薯可实现存放3~4个月不长芽、不皱缩，苹果、胡萝卜等果蔬存放5~6个月不腐烂、不萎蔫，保持了入库时的品质和外观，同时延长了原料供应期，拉长了加工企业生产周期，减少了加工企业建设数量，节约了社会资源，提高了加工企业的生产效率和经济效益。

3. 均衡上市，促进销售。西北、华北、东北等马铃薯主产区，马铃薯销售期从不到半个月延长到了7个月，实现了错季择机销售，调节了市场供求。果蔬经预冷后运输，市场销售范围从邻近地区扩大到全国各地，甚至周边国家。

4. 增强预期，引导生产。农民有了贮藏、保鲜、烘干等初加工设施，种植鲜活农产品不再担心卖难、价格低等问题，可放心种植，这也提高了农民的生产积极性。

二、农产品精深加工，增加附加价值

红墩镇顺丰养殖专业合作社是新疆维吾尔自治区阿勒泰市的一家主要从事牛羊育肥，民族特色肉食品加工、包装和冷冻的农民合作机构。2013年，该合作社在推进标准化牲畜养殖场建设过程中，把发展牲畜育肥标准化规模养殖场与畜牧业结构调整和畜产品优势区域布局规划紧密结合起来，投入130万元，新建200平方米标准化小型肉食品加工厂1间，建设260立方米冷库一座，引进牛肉红肠加工生产线1条，年产值达120万元，净收入达30万元。

2014年，红墩镇顺丰养殖专业合作社进一步引进了传统的加工工业，对农产品进行深加工，并且注册了“起霖牌”商标。深加工产品有去骨的精品风干肉、马肠子、俄罗斯红肠等。俄罗斯红肠设计有蒜蓉、香辣两种口味供消费者选择。产品有自己的包装和品牌，深加工后的农产品价格比出售鲜活肉价格高出了一倍。合作社未来还将继续加大投入力度，重点发展畜禽产品深加工，引进生态牧鸡分割加工生产线，逐步将合作社打造成畜禽养殖、加工、销售一体的农民企业，实现产业化发展。

湖北省襄樊市也在大力发展农产品精深加工，通过整合资产、扶持龙头企业，襄樊产生了梅园米业等一批“农”字号企业和品牌；立足粮油种植优势招商引资，使襄樊成功引进了鲁花、雨润、光明、正大等知名企业。襄樊以占全国0.34%的耕地，产出全国1%的粮食，成为全国十大夏粮主产地之一，连续6年粮食增产。

2013年4月16日，湖北省最大的粮油加工集团——湖北中储粮梅园集团，正式挂牌成立。该集团由湖北梅园米业有限公司等4家国家及省级农业产业化龙头企业战略重组而成，年加工大米60多万吨，年产值13.58亿元。

重组后的梅园集团实行“订单加农户”的运营模式，对订单基地实行科学规划、技术培训、优质品种、栽培方式、配方施肥、病虫防治、机收机脱、收购储存“八统一”，并与贴牌企业实行品牌名称、质量标准、市场开发“三统一”，建立完善集团的现代企业制度运行机制。

未来襄樊还将继续整合大米、面粉、油料等农产品企业，实行统一品牌、统一质量、统一包装、统一经营，抢占全国农产品市场，争取早日实现农产品加工过千亿的目标。

农产品精深加工，是指对农业产品进行深度加工制作，以体现其效益最大化的生产环节，与“农产品粗加工”概念相对应。如将稻谷、玉米加工为

农产品精深加工生产线

米粉、玉米粉的生产，称为“粗加工”；在完成粗加工的基础上对半成品进行进一步的加工，使其更具价值，以追求更高附加值的生产，如将米粉、玉米粉加工为米酒、玉米糊的工程，称为“精深加工”。

长期以来，中国农产品出售和出口都以初级产品为主，初级农产品价格低、不易储存，使得中国农民很难从农业生产上获得较高的收入。近年来，中国政府调整农业结构，鼓励对农产品进行精深加工，以期提高农产品的附加价值，提高农民收入，夯实农业基础。

第五节　提高养殖业水平

一、标准化规模养殖，统一畜禽质量

2015 年，内蒙古乌拉特中旗新建了 14 个肉羊养殖园区，到年底，肉羊养殖园区达到 54 个，饲养能繁母羊共计 9.5 万只，形成年育肥出栏优质羔羊 35

乌拉特中旗草场上的羊群

万只、年交易量 30 万只、培育巴美种公羊 5000 只的规模。

该旗农牧业局把畜禽标准化规模养殖场建设任务及肉羊饲养量和能繁母羊存栏数纳入目标管理考核范围，努力做好产业规划，层层分解落实任务，实行专项推进。按照标准化生产基本原则，依托中央财政支持发展现代肉羊项目和国家畜牧良种补贴、畜牧规模化养殖支持等项目，大力推进标准化规模养殖场建设。重点发展肉羊产业，打造“巴美肉羊”品牌。通过政策扶持和招商引资，吸引企业、社会资金投资建设规模化养殖场。

所谓畜禽标准化生产，就是在场址布局、栏舍建设、生产设施配备、良种选择、投入品使用、卫生防疫、粪污处理等方面严格执行法律法规和相关标准的规定，并按程序组织生产。发展畜禽标准化规模养殖，是加快生产方式转变，建设现代畜牧业的重要内容。近年来，在中央生猪、奶牛标准化规模养殖等扶持政策的推动下，各地标准化规模养殖加快发展，生猪和蛋鸡规模化养殖比重已分别达 60% 和 76.9%，已成为畜产品市场有效供给的重要来源。加快推进畜禽标准化规模养殖，有利于增强畜牧业综合生产能力，保障

标准化养猪场

畜产品供给安全；有利于提高生产效率和生产水平，增加农民收入；有利于从源头对产品质量安全进行控制，提升畜产品质量安全水平；有利于有效提升疫病防控能力，降低疫病风险，确保人畜安全；有利于加快牧区生产方式转变，维护国家生态安全；有利于畜禽粪污的集中有效处理和资源化利用，实现畜牧业与环境的协调发展。

二、发展畜禽良种工程，优质从头抓起

畜禽良种工程，是中国政府为改善中国畜禽养殖业产品品质而对养殖业进行长期资助的一项工程，资助的对象主要有五类，分别是畜禽遗传资源保种场、保护区和基因库，种畜禽质量检测中心和遗传评估中心，种公猪站和种公牛站，畜禽原种场，畜禽新品种培育选育。

畜禽遗传资源保种场、保护区和基因库成立的目的在于对中国的畜禽遗传资源进行保护，目前保护的对象主要为猪、鸡、鸭、鹅、羊、牛和一些其他品种。主要建设内容包括改扩建标准畜禽保种舍，购置必备的仪器设备，更新畜禽品种保存设施设备等。长期以来，中国单纯追求畜禽产品的数量，缺乏对禽畜遗传资源重要性的认识，盲目利用，忽视保护，加之保护手段落后，投入不足，致使中国畜禽品种数量骤减。中国是世界上畜禽遗传资源最丰富的国家之一，约占世界畜禽遗传资源总量的1/6，有畜禽品种、类群576个。但近20年来，中国已有10多个畜禽品种绝迹，20多个品种濒危，百余个品种数量急剧下降。优秀物种资源的消失，给中国和世界的食物安全造成了不利影响，对遗传资源的保护刻不容缓。

种畜禽质量检测中心和遗传评估中心是对种畜禽身体健康状况和遗传状况进行检测的专门机构，目的在于保障种畜禽的质量。畜禽良种工程的补助主要用在帮助种畜禽质量检测实验室和畜禽测定舍建设，质量检验检测必备的仪器设备购置，遗传评估中心的基础设施建设和仪器设备购置等。

种公猪和种公牛站是专门养殖配种公猪和公牛的基地，采用严格的管理手段，进行标准化生产，保证配种公猪和公牛的遗传品质。畜禽良种工程主要资助其修建种公畜饲养舍、质量检测的基础设施和购置仪器设备等。

新疆黑蜂畜禽资源保种场

广东省种畜禽质量检测中心奶牛生产性能测定实验室

第六节　加快渔业和水产养殖业发展

一、标准池塘改造，打造渔民“金饭碗”

福建省明溪县渔业资源比较丰富，全县水域面积4.12万亩，其中可养鱼面积1.56万亩。为进一步改良渔业生产设施，提高渔业综合效益，促进渔民持续增收，2009年以来，该县大力实施标准化池塘改造项目，累计改造标准化池塘5300亩，先后投入资金2000多万元，对养殖区的水、电、路进行配套建设，对养殖池塘进行加深、清淤、加固等改造。项目实施后，养殖区基础设施得到改善，池塘产能大幅提高。改造后的池塘有三方面优势：

1. 提高了水产养殖的经济效益。一方面，用石砌、水泥现浇护坡的池塘，基本可保证10年时间无需大型维护，大大降低了护塘成本；另一方面，池塘的

改造后的标准化池塘

产量获得了明显的提升，改造后的池塘平均亩产提高了 250~500 千克，亩增收 1000~1500 元。

2. 提高了抵御自然灾害和病害的能力。池塘护坡改造后，有效地增加了塘坝的牢固程度，起到了较好的抗灾作用；同时，增氧机配备到位、进排水系统独立等养殖条件的改善，防止了缺氧、池塘间交叉感染和废水污染等，增强了养殖病害防御能力，水产品的病害程度明显低于普通池塘。

3. 加快了无公害产地的建设。投入大量资金建成的标准化池塘，管理相对规范，有力地促进了生态、高效和健康养殖理念的推广，提高了水产品质量安全，加快了无公害产地建设的进程。

目前，明溪县已建成 5300 亩标准化示范池塘，渔民年人均纯收入约为 8890 元，比全县农民年人均纯收入高 15 个百分点。

池塘养殖是中国水产养殖业的重要组成部分。中国的池塘养殖模式发展于 20 世纪 70 年代末，当前许多池塘面临环境恶化、设施老化、养殖灾害频发、质量安全隐患增多等问题，因此，开展标准池塘改造工作，有利于稳定中国的渔业生产，提高农民收入。

中国当前对池塘的改造主要是针对已经老化的池塘，这类池塘一般具有水浅、堤埂过低、不能排灌水、塘底淤泥过厚、形状不规则、不利于排涝和管理等问题。改造的具体做法一般有以下几种：

1. 改浅水塘为深水塘。这是标准池塘改造的重点，主要做法是排干池水，深挖淤积物，同时清理池塘，并加固堤埂，再种植一些经济作物。

2. 改小塘为大塘。主要做法是加宽堤埂，合并小塘。大塘的水面较宽，有利于形成波浪，提高池塘的溶氧量。

3. 改漏水塘为保水塘。主要做法是将黏土层铺在池塘底部，或用石灰夯实池塘底部。

4. 改死水塘为活水塘。主要做法是修建简易的引水渠道，使池塘和水源相通，和排水沟相连，或采用机械抽水，定期更换池塘里的水。整修好供水渠道和排水设施，确保池塘常年排进水自如。

二、远洋渔船更新改造，促进渔业机械化

浙江省舟山市发展远洋渔业有30多年了，拥有远洋渔船450艘，位列全国地级市首位，但其中一大批渔船的船龄都在25年以上了，设备老化，面临着淘汰的情况。

2013年起，中国政府开始要求各地加快老旧远洋渔船的更新，提升远洋渔船的装备水平。舟山市首批进行更新改造的远洋渔船有26艘，都是船龄超过25年的老旧渔船，合计主机功率为27558千瓦，总吨位为17286吨，更新改造项目总投资35800万元，可获得国家补助资金10350万元。

从2015年开始，舟山市计划3年内更新改造各类远洋渔船100艘，当年将先期完成35~40艘。此举将有效提高舟山市远洋渔船机械化、信息化、自动化水平。

为了进一步加强中国的海洋渔业发展，中国政府近年来提出了对远洋渔船进行更新改造的计划。其目的在于保障远洋渔业生产安全，推动远洋渔船及船用装备升级，促进远洋渔业持续健康发展。

中国的渔船数量众多，其中远洋渔船有1600多艘，但无论是吨位，还是

正在建造中的远洋渔船

装备，都与先进渔业国家有很大差距。近年来，受国际金融危机及欧债危机影响，中国渔船、渔机、渔具行业发展面临严峻的形势。在未来的一段时间内，发展好中国海洋渔业的关键是要完成两项任务：

1. 继续促进行业健康发展，全力抓好远洋渔船更新改造工程，夯实推进玻璃钢渔船产业化的工作基础，加速玻璃钢休闲渔船产业化进程，加快提升渔业装备行业技术水平。

2. 全面推进职业技能鉴定，开展玻璃钢渔船糊制工鉴定，木质渔船修造业木工、捻工及有关检测人员的技能培训和鉴定等工作。

安全篇

食安为先，全程溯源

导 语

本篇重点讨论的是农产品质量，即通过质量控制，让人民吃得放心。

随着中国经济的发展、人民生活水平的提高，中国人在解决温饱问题的同时，越发关注食品的质量安全问题。然而，由于食品安全意识淡薄以及相关法律制度不健全，中国食品安全水平远未跟上国民经济增长的步伐。一系列食品安全事件，如苏丹红鸡蛋、瘦肉精猪肉、三聚氰胺奶粉等，极大地打击了中国消费者对国产食品的信心，给中国的农业、食品加工业造成了难以估量的损失。与此同时，中国食品安全的监管工作也经历了从无到有，从集中到分散，再到协调，最后到统一的不断发展和完善的过程。

1982—1995 年，中国食品安全监管进入“有法”阶段。改革开放前，中国的食品安全监管体系尚未建立。直到 1982 年，中国才颁布了《中华人民共和国食品卫生法（试行）》，将食品安全上升到法律层面，从此实现了食品卫生管理工作真正意义上的“有法可依”。在这一阶段，食品卫生监督成为食品安全监管的主要部分，中国也拥有了一支初步具有一定技术水平和执法能力的食品卫生监管队伍，食品卫生监管网络基本形成，食品卫生状况也得到了明显改善。

1995—2003 年，中国食品安全监管属于分散监管阶段。随着 20 世纪 80 年代中后期食品安全案件的出现，中国对食品安全的关注度逐渐提高，并逐步将监管职能分散化。从此，食品安全的监管范围和监管内容不断扩大，食品安全监管机构的数量也随之增加。这一时期，食品安全监管的最大特点就是众多机构分散管理。而这种分散管理的最大问题就是各部门之间的监管行为难以协调。

2003—2009 年，中国食品安全监管属于协调监管阶段。2003 年，中国在国家药品监督管理局的基础上组建了国家食品药品监督管理局，主要负责对食品安全进行综合监督、组织协调和依法查处食品安全方面的重大事故。在此意义上，食品药品监管局具备了对各监管部门进行宏观监督和组织协调的职能，从而形成了“全国统一领导、地方政府负责、部门指导协调、各方联合行动”的监管格局。同时，农业、卫生、质检、工商等部门的职责进一步明确化，即初级农产品生产环节由农业部门监管；餐饮业和食堂由卫生部门监管；食品生产加工环节由质检部门监管；食品流通环节由工商部门监管；农业、发改委和商务部各司其职，对种植养殖、食品加工、流通、消费环节进行监管。

2009 年之后，中国食品安全监管属于统一监管阶段。2009 年 2 月，中国颁布了具有里程碑意义的《中华人民共和国食品安全法》。该法案对中国目前食品安全方面存在的许多问题做出了具体规定，包括整合食品标准、废除免检制度、确立惩罚性赔偿机制、建立食品安全委员会等，这些都对中国食品安全的改善有着积极意义。

第一节　把好生产资料投入关

一、源头治理是食品安全的重中之重

“民以食为天，食以安为先。”优质安全的农产品是各类健康食品的来源，也是保障食品安全的第一道防线。中国农业大学教授罗云波说：“农产品质量安全很大程度上依赖于生态环境的建设，因此源头治理始终是食品安全治理的重中之重。”在农业与食品安全管理工作中，给出了源头治理的具体措施，包括完善标准、制定行为规范、建立追溯体系、加强市场抽检等措施，并加强了产地环境保护和源头治理统筹考虑。

在农业投入品使用方面，实行严格的管理制度，开展禁限用农药、水产用药、兽用抗菌药和“瘦肉精”专项整治行动以及畜禽水产品违规使用抗生素综合治理，着力解决农药、兽药残留问题，严厉打击非法添加违禁物品、病

死畜禽收购屠宰、农资制假售假等违法违规行为。

在优质农产品供给方面，农业部将继续推进农业标准化生产，以食用农产品优势区域和“菜篮子”产品为重点，加强“三园两场”(蔬菜、水果、茶叶标准园和畜禽养殖标准示范场、水产健康养殖场)建设，大力发展“三品一标”(无公害食用农产品、绿色食品、有机食品和地理标志食用农产品)等安全优质品牌食用农产品。

二、食品安全从源头抓起

农产品农药残留超标影响食品安全的问题，一直是大家关注的热点。山东省济宁市农业局主办的 2017 年全市农产品安全宣传周启动仪式在泗水县中册镇韭菜种植基地举行。这不仅把农业安全法规送到了田间地头，而且可以从源头上减少农产品农药残留超标问题的出现。

来自泗水县中册镇的 100 多家韭菜种植户齐聚韭菜种植基地，简单的启

韭菜种植基地

动仪式后，济宁市农业局、泗水县农业局的专家和执法人员在现场讲授蔬菜病虫害防治技术，并以2010年发生的“海南毒豇豆”事件、“青岛毒韭菜”事件，2015年“北京毒草莓”事件、“青岛毒西瓜”事件等触目惊心的案例，展示了农药残留超标给人体造成的危害，为广大蔬菜种植户敲响了警钟。

专家介绍，蔬菜种植在大自然之中，产生病虫害在所难免，此前有些种植户看到种植的蔬菜出现了病虫害，往往急功近利，违规使用剧毒农药、超量使用标准农药进行防治，这种方法虽然抑制了病虫害的滋生，但如果对生产、收获周期掌握不好，就容易造成进入市场的蔬菜农药残留超标。这样的蔬菜被人们食用后，会对人体健康造成损害。为了避免这一情况，只能将这些有毒蔬菜全部销毁。这不仅给种植业造成了经济损失，而且会影响到农产品品牌信誉。

为杜绝此类事件的发生，济宁市农业局工作人员将相关讲座送到田间地头，并将《农业种植安全法规》送到种植户手中，让大家听得清楚，看得明白，增加了农业种植的安全意识。

济宁市农业局负责人介绍，农产品及蔬菜安全事关千家万户，坚决不能违规使用农药，全市农业部门要以这次活动为契机，加强实施种植前技术指导，生长中严格监管，收获期全覆盖检测等举措，做到从源头上彻底杜绝农产品及蔬菜农药超标事件的发生。

该市的蔬菜、瓜果种植面积达402万亩，拥有省级农业标准化蔬菜生产基地78家，基本满足了全市人民的日常蔬菜需求。该市农业局农产品质量安全监管科负责人介绍，为了让大家吃得安全，吃得放心，打响济宁市农产品品牌，农产品安全宣传周启动仪式后，还在全市范围内展开农业安全法规进乡村、进农户、进种植基地活动，在全面落实县、乡镇、村安全责任的同时，推进各级农业执法监管前移，如果发现违规现象，就要出重拳严厉依法查处。

紧紧围绕千方百计提升农产品质量安全水平这个目标，努力确保不发生重大农产品质量安全事件这个底线，切实保障农产品消费安全，提出开展禁限用高毒农药、严格索证索票制度的宣传，从源头控制不良农资的进入。

三、种子执法，抽样取证与种子质量监督抽查

种子是农业生产最基本、最主要的生产资料，是农业生产资料中特殊的、不可替代的部分，是各项农业技术和农业生产资料发挥作用的载体，特别是市场化后种子已成为一种科技含量较高的特殊商品。从某种意义上讲，农业的增产、增收、安全，种子起到了关键性的作用。

1999年以来，按照国务院有关文件要求，全国农业系统开展了综合执法试点工作，实现政策制定职能与监督处罚职能相对分开，监督处罚职能与技术检验职能相对分开，实行综合行政执法。这对提高农业执法效能，改革农业行政管理体制，维护农村经济秩序，促进农业发展起到了积极作用。

（一）种子执法抽样取证

种子行政执法活动中的抽样取证，是农业行政主管部门在办理涉嫌违法种子案件时，依据《中华人民共和国行政处罚法》第三十七条第二款“行政机关在收集证据时，可以采取抽样取证的方法”，《中华人民共和国种子法》第五十五条第二款“农业、林业行政主管部门为实施本法，可以进行现场检查”，以及《农业行政处罚程序规定》第三十一条第一款“农业行政处罚机关收集证据时，可以采取抽样取证的方法”的规定，对行政管理相对人出具农业行政处罚文书，是农业行政执法的重要手段之一，也是做出和执行行政处理决定的前提和基础。

抽样取证是农业行政执法人员对种子生产经营场所进行检查或案情调查，对种子采取抽样取证的行为，是法律赋予的行政强制措施，其目的就是为了对违法行为给予行政处罚收集证据。这在《中华人民共和国行政处罚法》第三十六条“行政机关发现公民、法人或者其他组织有依法应当给予行政处罚的行为的，必须全面、客观、公正地调查，收集有关证据；必要时，依照法律、法规的规定，可以进行检查”和《农业行政处罚程序规定》第二十七条第一款“农业行政处罚机关应当对案件情况进行全面、客观、公正地调查，收集证据；必要时，依照法律、法规的规定，可以进行检查”的规定中，表述得明白无误。

农业行政主管部门执法机构在办理种子质量案件时，依据《农业行政处罚程序规定》第三十条“农业行政处罚机关在调查案件时，对需要鉴定的专

门性问题，交由法定鉴定部门进行鉴定；没有法定鉴定部门的，可以提交有资质的专业机构进行鉴定”和《中华人民共和国种子法》第四十四条“农业、林业行政主管部门可以委托种子质量检验机构对种子质量进行检验”的规定，将所抽取的种子样品委托法定种子质量检测机构进行检测检验，这就形成了所谓的执法抽样送检。

农业行政执法人员在种子执法过程中，完全可以对种子进行抽样取证。不仅如此，还可以根据案情的需要，根据《中华人民共和国行政处罚法》第三十七条第二款的规定，在证据可能灭失或者以后难以取得的情况下，经行政机关负责人批准，可以先行登记保存，并应当在七日内及时作出处理决定，在此期间，当事人或者有关人员不得销毁或者转移证据。

（二）种子质量监督抽查

为了加强农作物种子质量监督管理，维护种子市场秩序，规范农作物种子质量监督抽查工作，农业部根据《中华人民共和国种子法》及有关法律、行政法规的规定，专门制定了《农作物种子质量监督抽查管理办法》。该办法定义了种子质量监督抽查，“是指由县级以上人民政府农业行政主管部门组

余姚市开展种子和农药质量监督抽查活动

织有关种子管理机构和种子质量检验机构对生产、销售的农作物种子进行抽样、检验，并按规定对抽查结果公布和处理的活动"。

县级以上地方人民政府农业行政主管部门根据全国规划和当地实际情况制定相应的监督抽查计划。监督抽查的重点是当地重要农作物种子以及种子使用者、有关组织反映有质量问题的农作物种子，根据计划向种子管理机构下达监督抽查任务。种子管理机构根据监督抽查任务，制定抽查方案，并报农业行政主管部门审查。农业行政主管部门审查通过抽查方案后，向种子管理机构开具《种子质量监督抽查通知书》，种子管理机构凭此通知书到企业抽样，并将所抽取的样品送具有法定资质的种子检验机构检验。种子管理机构完成抽查任务后，应当在规定时间内将监督抽查结果报送下达任务的农业行政主管部门。农业行政主管部门应当及时汇总结果，在农业系统或者向相关企业通报，并视情况通报被抽查企业所在地农业行政主管部门。省级以上农业行政主管部门可以向社会公告监督抽查结果。对不合格种子生产经营企业，由下达任务的农业行政主管部门或企业所在地农业行政主管部门，依据《中华人民共和国种子法》有关规定予以处罚。农业行政主管部门在种子质量监督抽查过程中，不得向被抽查企业收取费用。被抽查企业应当积极配合监督抽查工作，无正当理由不得拒绝监督抽查。

执法抽样取证具有偶发性和突发性，质量监督抽查具有计划性和针对性。执法抽样取证是零星少发的，往往是因举报、投诉或执法检查、调查时，执法人员临时采取的对种子生产经营场所涉嫌种子进行抽样取证的措施。而质量监督抽查呈多发、常发态势，是农业行政主管部门监督计划有目的、有重点、有步骤的种子质量监督管理活动。

四、为化肥、农药、农业投入品做减法

如何确保人们一年四季都要食用的蔬菜、水果、鸡鱼肉蛋等的安全，是人们在日常生活中非常关注的问题。农产品在生长过程中则离不开农药、化肥、饲料、饲料添加剂等农业投入品。农业投入品包括生物投入品、化学投入品和农业设施设备等三大类。在合理的范围内使用农业投入品，可以促进农产品的生长；如果无序使用农业投入品，则会对环境和食品安全带来极大

的负面影响。

种植业是食品安全生产的第一关，优质安全的原料是加工生产健康合格的食品的必要条件。应加强对生产源头的农药、化肥的检验监测工作，严格控制各类农药、化肥的使用剂量，预防控制污染，确保农作物生产源头的安全。中国是农业大国，有数据显示，中国化肥年使用量占世界的35%，相当于美国、印度的总和；农药年使用量140万吨，占世界总用量的1/3；农药利用率仅为35%，比发达国家低10~20个百分点。我们尽可能使用有机肥料和农作物轮作种植，利用生物防治技术控制病虫害，不用高浓度、高残留农药，保障生产的农作物既安全，又不失掉营养品质，使食品在源头上确保安全可靠。

（一）化肥投入的“减法”如何做？

1. 生产做“减法”。贯彻落实2015年工信部出台的《推进化肥行业转型发展的指导意见》，着力化解产能过剩，严格遵守行业准入条件，控制新增产能，加快淘汰落后产能，鼓励企业兼并重组，针对部分经营困难多、技术条件落后、主要进行传统肥料生产的中小企业，逐步引导其主动退出。根据区域土壤类型、作物种类调整企业产品结构，更多地与农业生产实际需求相配套。转变化肥企业的经营理念，强化农化服务，形成“产品＋服务”的经营模式，拓展企业发展空间。创新农化服务模式，推出专用肥配制、个性化定制等商业服务模式。

2. 管理做“减法”。肥料作为农业专用投入品，其产品特性决定了必须通过专门的法律进行管理。美国、加拿大、日本、欧盟成员国等国家和地区都出台了肥料法或相关法律。针对中国化肥管理立法缺位的问题，加快出台《肥料管理条例》，建立肥料产品准入和退出机制，明确相关管理部门的职责，规范生产、经销、使用等主体的行为。加强监管和执法能力建设，将多部门联合农资打假工作常态化，严厉打击制售假劣化肥的行为。

3. 使用做“减法”。从不同作物和品种的用肥格局看，果树和蔬菜是今后化肥减量的重点，也是测土配方施肥项目扩大推广的重点领域，要出台商品有机肥使用补贴政策，引导农户使用化肥替代品。粮食作物依然具有“减肥”潜力，据测算，如果全部按照测土配方施肥，粮食作物可削减化肥使用量26.7%。在作物优势生产区建立配方肥生产、加工和配送服务中心，落实

安庆市测土配方施肥试验

调整完善农业三项补贴政策试点工作，将补贴与耕地地力保护挂钩，向配方肥、缓（控）释肥等新型肥料倾斜，研究解决制约秸秆还田等资源化利用的瓶颈，逐步提高耕地有机质含量。开展对农户科学施肥的教育培训。

4. 科技做“减法”。加强企业的科技研发能力，争取在关键技术和装备上有所突破，鼓励企业研发高效、环保型肥料。推动产学研结合，加强节肥作物培育，启动实施作物节肥综合技术研发和集成项目。组建专家团队加强技术指导和服务，推广种肥同播、化肥深施等高效施肥技术，着力提升化肥利用率。鼓励有条件的地方建立“农资监管与追溯平台”，充分利用信息技术确保农资产品可查可管，让农户放心购买、使用。规范“互联网＋肥料”经营模式，加强产品监管能力。吸收借鉴传统农业技术精华，如稻田养鱼、桑基鱼塘等循环农业模式，构建低碳农业技术体系，推广一批经济效益高、生态效益好的生态农业模式，建立产业、区域等层面的多级循环网络。

（二）安全使用农药

高毒农药残留是最被人诟病的威胁食品安全的问题。农业部农药检定所副所长顾宝根认为，农药之所以引起农产品质量安全问题，主要由缺少合适药剂、残留标准少、假劣农药、使用不规范、监测不到位等造成的，尤其不规范使用是导致农药残留超标的重要原因。

彻底根除高毒农药品种无疑是最直接的方式，但现在还不具备条件。有些高毒农药的品种在短期内很难找到理想的替代品种，全面禁用这些高毒农药可能会对农业生产造成一些负面影响。目前，国家正在开展农药残留专项整治。

随着国家对食品安全越来越重视，农药行业的发展必须走无公害和绿色环保之路。

五、强化饲料、兽药管理

造成动物产品安全问题主要有以下原因：（1）在饲料生产和动物饲养过程中使用违禁药品或超量超范围使用兽药或其他物质；（2）缺乏统一权威的违禁药品检测方法标准，目前仅有瘦肉精等少数违禁药品有检测方法，其他大多数违禁药品检测均使用国外或国际标准，由于方法不一致、对比性差，亟须制定国家或行业标准；（3）缺少必要的检测仪器，违禁药品在饲料中添加量很小，检测难度大，对检测仪器要求高，而这些仪器又比较昂贵，大多数省级饲料检测机构无力购买；（4）管理制度不健全；（5）市县级没有设置饲料管理机构，饲料安全监管存在真空就极容易出现问题。

为确保饲料、兽药安全，进而为绿色食品的发展打下一个良好的基础，应该努力做好以下几项工作：（1）推行诚信经营制度。（2）在建立诚信制度的基础上，引导饲料、兽药生产、经营企业和养殖户开展诚信制度建设，支持消费者对相关企业安全信用进行社会监督。对长期守法诚信企业要给予宣传、支持和表彰，对违反饲料、兽药安全管理制度、制假、售假等失信企业实行重点监控，对严重失信的企业，要取消其从业资格，构成犯罪的，依法追究刑事责任。（3）强化兽药残留监控。广泛宣传安全用药知识，严格执行用药制度，大力整顿兽药市场秩序。（4）切实加强检验检疫工作。（5）完善饲料和畜产品标准体系，尽快制定动物性饲料检测方法标准，抓紧修订完善饲料安全卫生强制性标准。

第二节　生产过程控制

一、农业生产标准化，保障食品安全

农业标准化是现代农业的重要标志，全国各地都在积极推进。

安徽省积极发展农业标准化生产基地，目前已建设了 13 个全国农业标准化示范县项目，建立了核心示范区 48 个，涉及蔬菜、茶叶、生猪、肉鸡、河蟹等 8 个示范品种，辐射带动种植业产品标准化种植 135.4 万亩、畜禽产品标准化养殖 2015 万头、水产品标准化养殖 36.4 万亩。安徽省制定了省级农业地方标准 800 项，引进了国家和行业农业标准、技术规范 300 多项，基本覆盖了优势特色食用农产品、出口创汇农产品，农业标准体系基本形成。

除 197 家省级农产品标准化生产示范基地外，安徽省还建设省级蔬菜、茶叶、水果标准园 95 个，标准化规模畜禽养殖场 257 个和水产健康养殖场 100 个，带动创建市级标准化基地 483 个、县级标准化基地 1011 个。全省种植业和养殖业标准化生产覆盖率分别达到 50% 和 70%，蔬菜、畜产品和水产品等

标准化蔬菜种植基地

标准化葡萄种植基地

鲜活农产品质量安全产地抽检合格率保持在 97% 以上。在建设中，其注重形成专业化、标准化和规模化的农业产业带和高效农业开发体系，通过“公司 + 基地 + 标准 + 农户”的经营模式，建立农业龙头企业与农户的利益联结关系，目前各级标准化示范基地共带动农户 200 多万户，有力地促进了农民增收，提升了农产品质量安全水平。

甘肃省临泽县从 2013 年起，就把绿色、有机、生态、安全作为农业发展的方向，推进农业标准化生产，创建绿色有机农产品基地，精心打造“绿洲”现代农业品牌。

临泽县积极完善种类齐全，涵盖产前、产中、产后全过程的标准体系，依托龙头企业、合作社、行业协会等，扩大标准化生产规模。全县农业标准化生产面积达 42 万亩，主要农产品标准化覆盖率超过 90%。目前，全县“三品一标”产品认证覆盖率达 45%，无公害农产品生产示范点达 28 个，10.55 万亩基地被甘肃省农牧厅认定为无公害农产品生产基地，农产品质量安全抽检合格率连续多年达 100%。同时，临泽县大力实施绿色有机农产品品牌战略，银先葡萄、临泽陇椒等30个果蔬品种先后通过绿色有机认证。

农业标准化生产，是指以农业为对象的标准化生产活动。具体来说，是指为了有关方面的利益，对农业经济、技术、科学、管理活动中需要统一、协调的各类对象，制定并实施标准，使之实现必要而合理的统一的活动。其目的是将农业的科技成果和多年的生产实践相结合，制定出“文字简明、通俗易懂、逻辑严谨、便于操作”的技术标准和管理标准，并向农民推广，最终生产出质优、量多的农产品，以供应市场。这不但能使农民增收，而且能很好地保护生态环境。近年来，中国吸取农业发达国家的经验，开始推动农业标准化进程。推动农业标准化生产有以下五个方面的意义：

1. 可以推动农业结构调整。农产品标准化生产有利于改善农产品质量，提高农产品效益，促进农业结构的升级。

2. 可以保障农产品质量安全。近年来，中国的食品安全形势越发严峻，解决问题的一个重要手段在于建立起与中国农业和农村生产力发展阶段相适应的农产品质量安全标准体系、检验检测体系和认证认可体系。

3. 可以推动农业科技成果转化和产业化经营。农业标准化既源于农业科技创新，又是农业科技创新转化为现实生产力的载体。农业科技成果转化为标准，可以成倍地提高推广应用的覆盖面。同时，标准的提高又会推动科技创新。

4. 可以促进农业产业化发展。农业产业化的实施过程，既是农产品生产、加工、流通行为标准化的过程，也是规范千家万户农民生产行为和应对千变万化的农产品市场的过程。没有农业的标准化，就难以实现农业的产业化。

5. 可以增强中国农产品的国际竞争力。中国的农产品标准相对发达国家而言偏低，加之检测能力弱，客观上为国外农产品大量进入中国市场提供了便利。对农产品进行标准化生产，改善农产品质量，使其符合国际标准，有利于提高中国农产品的出口。

二、订单农业，过程可控

浙江安吉多家白茶有限公司与安吉县上千家安吉白茶种植户举行了安吉白茶订单农业签约仪式。

从田间地头到群众餐桌，这些茶叶公司建立了全程产品质量安全可追溯制度，对农产品的生产、加工、运输、销售等实行全过程记录。这些公司还成立了农副产品质量检测中心，不仅对基地的土壤和水质进行检测，还进行生产种植过程跟踪检测以及出厂检测，发现不合格产品马上销毁处理，为市场提供安全的有机食品。

订单是希望，是责任，是果实。通过订单合同规范双方的行为，既有利于让农户专注于安吉白茶标准化种植管理，又有利于让企业通过营销网络，推动农户的产业发展。签订订单后，在“统一使用生物农药，统一使用有机肥，统一技术指导，统一采摘标准”的“四统一”下，企业的原材料得到保障，产品质量得到保证，公司逐渐朝着规模化、品牌化发展，使安吉白茶整体质量得到提升，促使安吉白茶产业朝着更精更好的方向发展。

茶农个人的力量毕竟是微薄的，通过与企业签订订单，有了很好的技术服务，提高了产品质量意识，扩大了市场知名度，从线下到线上，茶园游学、采茶、制茶、品茶等整个茶事活动都可以融为一体了。

安吉白茶

三、产品可追溯，责任连带

在蔬菜产销流通追溯体系中，通过对种植户、种植区域、种植过程进行系统规范的监控管理，结合电子监控硬件设备和监管部门的监督管理，以二维码为信息载体，用手持电脑进行信息录入、修改、关联，用移动端扫码设备进行扫码读取信息的方式，横向贯穿蔬菜产销过程中所有环节的操作、监管、物流等信息，实现信息环环相扣，使问题蔬菜有据可查，消费者权益有理可依，黑心产业链无处遁形。

（一）种植环节

对于种植规模较大的种植户（拥有类似蔬菜大棚技术或者种植区域广的种植户），在入住追溯系统成功时可向系统管理者申请一定数量的二维码吊牌（吊牌上面的二维码具有唯一性），二维码吊牌的作用在于记录相应区域蔬菜的种植信息。种植户在种植农作物时先对种植区域进行规划，同一区域每批次只种植一种农作物并分配一个未使用过的二维码吊牌来记录该批次蔬菜的种植信息。记录信息时，使用手持电脑设备扫描吊牌上面的二维码，选择需要种植的蔬菜类型、种植面积等信息并提交至系统，后期种植时将每个环节的操作信息（如种子信息、肥料信息、采摘信息等）分别扫描对应区域吊牌上面的二维码即时录入系统并提交，完成蔬菜从播种到采收整个过程的信息记录。

（二）流通环节

加工厂商、合作社或农产品批发市场等采购商进驻平台，通过录入相关机构信息获得许可后，系统管理人员分发带有机构信息的手持电脑，采购商向种植户采购农作物时使用手持电脑扫描相应区域的二维码提交采购信息（如采购数量、采购时间、采购人等）到系统，系统会将该批次的种植信息、监察信息和采购信息关联在一起，为后期追溯查询提供数据基础。

（三）销售环节

采购商向种植户批量采购蔬菜时，使用手持电脑扫描区域二维码吊牌后会将该二维码储存在手持电脑里面，并可通过手持电脑调取图码查看（或直接收取）区域吊牌，在储存过程中需要进行分类储存，不同区域的不同产品（或相同产品）需要分开存储并做标记。

直营店（或专卖店、小超市等）向采购商采购蔬菜时，采购商可以在企业管理后台新建一个小商户的资料库，录入采购商户的个人信息，在对小商户进行发货时使用企业手持电脑选择对应商户并录入发货信息后进行发货，通过后台调取所发蔬菜的二维码数据打印出来一同交给小商户（或直接将二维码图片发给小商户自行打印），小商户在销售蔬菜时，将二维码置于对应销售区域的价位牌上面，供消费者扫描查询蔬菜的溯源信息。

超市或蔬菜配送机构销售蔬菜时，可以入住平台后将结算系统跟企业平台对接。具备条件的商户采购蔬菜并自行包装时，可将对应的蔬菜二维码数据打印出来放在蔬菜外包装上面（如果直接购买企业包装好的带有二维码的蔬菜时则无需上述步骤），销售时，使用结算系统扫描蔬菜上面的二维码记录销售时间并上传到系统，消费者扫码后即可查询到该蔬菜从种植到销售的整个流通记录和溯源信息。

手机扫码查询农产品溯源信息

第三节　认证与品牌

一、“三品一标”认证

无公害农产品、绿色食品、有机农产品和农产品地理标志统称“三品一标”。“三品一标”是政府主导的安全优质农产品公共品牌，是当前和今后一个时期农产品生产消费的主导产品。纵观“三品一标”发展历程，虽有其各自产生的背景和发展基础，但都是农业发展进入新阶段的战略选择，是传统农业向现代农业转变的重要标志。

（一）无公害农产品

无公害农产品，是指产地环境和产品质量均符合国家普通加工食品相关卫生质量标准要求，经政府相关部门认证合格并允许使用无公害标志的食品。这类食品不对人的身体健康造成任何危害，是对食品的最起码要求，我们的食品均应符合对食品的这种要求，所以无公害食品是指无污染、无毒害、安全的食品。

无公害食品始于本世纪初，是在适应“入世”和保障公众食品安全的大

无公害农产品标志

背景下推出的，农业部为此在全国启动实施了“无公害食品行动计划”。2001年，农业部提出“无公害食品行动计划”，并制定了相关的国家标准，如《无公害农产品产地环境》《无公害产品安全要求》，甚至具体到每种产品如黄瓜、小麦、水稻等的生产标准。

无公害农产品是国家公共安全的标志，目的是保障食品的基本安全、满足大众消费。无公害农产品主要有以下特征：以大宗农产品为推进对象，主要包括粮食、蔬菜、水果、茶叶、肉、蛋、奶、鱼等；以日常消费品为对象，对应的是大众消费；无公害农产品标准基本对应食品安全国家标准。

（二）绿色食品

绿色食品，是指无污染、优质、营养的食品，经国家绿色食品发展中心认可，许可使用绿色食品商标的产品。由于与环境保护有关的事物在中国通常都冠以“绿色”的称呼，为了更加突出这类食品出自良好的生态环境，因此称为“绿色食品”。

绿色食品是中档食品，中国已有多家企业生产绿色食品，是人类食品在不远的将来要达到的品质。绿色食品分为两级，即A级绿色食品（生产条件要求较低的食品）和AA级绿色食品（质量要求较高，与有机食品要求基本相同）。

绿色食品标志

20世纪90年代，我们国家提出绿色食品的概念，相继也制定了相应的标准，如《绿色食品产地环境技术条件》《绿色食品生产农药使用准则》《绿色食品生产化肥使用准则》等。

（三）有机农产品

有机农产品，是指根据有机农业原则，生产过程绝对禁止使用人工合成的农药、化肥、色素等化学物质，采用对环境无害的方式生产，销售过程受专业认证机构全程监控，通过独立认证机构认证并颁发证书，销售总量受控制的一类真正纯天然、高品位、高质量的食品。

有机产品标志

有机食品是食品的最高档次，在中国刚刚起步，即使在发达国家也是一些高收入、追求高质量生活水平的人士所追求的食品。

有机农产品一年一认证，按照国际惯例，采取市场化运作模式。

（四）农产品地理标志

农产品地理标志，是指标示农产品来源于特定地域，产品品质和相关特征主要取决于自然生态环境和历史人文因素，并以地域名称冠名的特有农产品标志。

农产品地理标志

根据《农产品地理标志管理办法》规定，农业部负责全国农产品地理标志的登记工作，农业部农产品质量安全中心负责农产品地理标志登记的审查和专家评审工作。省级人民政府农业行政主管部门负责本行政区域内农产品地理标志登记申请的受理和初审工作。

二、农产品加工业品牌创建

2017 年 7 月，以“做优产品、做强产业、做响品牌”为主题的 2017 全国农产品加工业品牌创建宣传周主场活动暨广西农产品加工业品牌推介活动在桂林启动。

广西壮族自治区高度重视农业品牌建设工作，立足生态和农业资源优势，大力实施农业品牌创建提升行动，努力塑造广西农产品生态有机品牌形象，做大做强一批特色农产品品牌，提高农产品供给质量和效益。据统计，2016 年，广西拥有农业部颁发的地理标志农产品 85 个，其中种植业 52 个，排全国第六。中国政府与欧盟互认谈判的地理标志农产品共 35 个，广西的“百色芒果”和“桂平西山茶”名列其中。

广西优质农产品——芋头

以现代农业示范区建设为抓手，引领品牌农业发展，加快推进现代特色农业产业品种、品质、品牌提升行动。到 2017 年 2 月底，广西累计完成投资 323 亿元，启动创建 1255 个现代农业示范区，引进培植 1248 家农业龙头企业、1490 家农民专业合作组织。

广西壮族自治区深入开展农产品质量安全县创建活动，有 3 个县获得“国家农产品质量安全县”命名，有 5 个县获得“自治区农产品质量安全县”命名，有 20 多个县申报创建“自治区农产品质量安全县”，全区农产品质量安全监管能力明显提高。

据不完全统计，广西现有规模以上农产品品牌 5000 多个，其中灵山荔枝、隆安香蕉、富川脐橙、武鸣沃柑、荔浦芋头、阳朔金橘、容县沙田柚、恭城月柿、永福罗汉果、梧州六堡茶、防城港金花茶、桂林米粉等农业品牌享誉国内外。

三、品牌农业，凸显特色

四川省攀枝花市地处川西南、滇西北的交合处，是南亚热带和干热河谷气候带的汇聚点，年日照时间达到 2700 个小时，无霜期有 300 天以上，光热充足，雨热同期，土壤肥沃，一年四季鲜花盛开，瓜果飘香，发展热带农业得天独厚。

经过多年辛勤耕耘和持续发展，今天的攀枝花已经发展起特色水果、早春蔬菜等一批农业支柱产业，成为了国家南菜北调基地、四川省立体农业发展试验区，被全域纳入国家现代农业示范区。攀枝花的独特优势造就了中国乃至世界上纬度最北、海拔最高、成熟期最晚、品质最优的芒果，从分散种植到 1997 年与中国热带农业科学院的产学研合作，规模化发展，攀枝花芒果产业从无到有，由小到大。

目前攀枝花市广泛种植了凯特、红贵妃、金煌等十余个芒果品种，创建部级芒果标准化示范园8个，种植面积达到了32万亩，年产量达到了10万吨，年销售收入超过了 6 亿元，规模种植户年均收入超到了 10 万元，攀枝花已获得了国家农产品的地理登记标志认证，攀枝花芒果品牌通过了国际注册，获得了 GAP（良好农业规范）认证，成功打入了海外市场。芒果产业已成为攀枝花农业最具影响力的产业，正加速扩张种植规模、提高芒果品质，同时加速进行由以生产初级果品为主向以生产高档果品和深加工产品为主的现代农业的转变。

攀枝花芒果园

攀枝花的芒果产业即是品牌农业的一个典型代表。所谓“品牌农业”，即指经营者通过取得相关质量认证，取得相应的商标权，通过提高市场认知度，并且在社会上获得了良好口碑的农业类产品，从而获取较高经济效益的农业。具体而言，品牌农业是具有质量和安全健康保证的品质农业；是按照量化标准生产和加工的、产品始终如一的标准化农业；是通过恰当的筛选、包装和加工进行原料升值的价值农业；是摒弃一家一户落后的生产经营状态，以规模获得高效益的规模农业；是打通一二三产业，甚至全产业链掌控、实现质量与安全可追溯的大食品业。

中国要实现农业现代化，品牌农业就是一个“抓手”，它可以极大地提高农产品的附加值。以辣椒为例，1 千克鲜辣椒价格约为 1.2 元；晒制成干辣椒后，收购价格约为每千克 5 元；把 1 千克干辣椒制成辣椒酱，市场价格为 10 元左右。如果换成深加工方法，1 千克干辣椒可以提取辣椒红色素 40 克、辣椒精 10 克、辣椒籽油 60 克，还可以提取辣椒碱，剩余的椒粕、籽粕等可作为畜禽饲料。这样 1 千克干辣椒可增值到 35 元，是干辣椒价格的 7 倍。

品牌农业有五个重要特征：

（1）生态化，即按照“尊重自然、循环发展”的理念，从事农产品的培育和生产，加工和销售安全、健康、优质的农副产品。生态化是品牌农业的心脏。

（2）价值化，即引入品牌营销模式，通过品牌定位、产品创新、产品核心价值、品牌（产品）形象设计以及传播推广等手段，提升产业、企业和产品附加值，实现增收增效和可持续发展。价值化是品牌农业的脸面。

（3）标准化，即引入现代经营管理理念和手段，对农业经营组织的种养、加工过程和环节，进行规范化、系统化改造和建设，改变传统农业经营的粗放、随意和人为性，形成可量化、可控制和可复制的局面。标准化是品牌农业的血液。

（4）产业化，即实现作为第一产业的农业与第二产业、第三产业高度融合与产业整合，形成完整的农业产业链，进行良性联动和互动。“公司 + 基地”，“公司 + 合作社 + 农户”，“农户 + 合作社 + 超市”，“农村 + 金融”，“农场 + 家庭”，都是“从田间到餐桌”的产业化形式。产业化是品牌农业的肢体。

（5）资本化，即根据农业投资风险大、回报低、投资周期长、市场前景广的产业特点，积极主动先期导入现代投资和资本运营理念、模式和路径，用资本的杠杆和力量撬动、助推现代农业跨越式发展。

四、高端农产品生产

中国蛋鸡养殖规模和消费量已经连续多年居全球第一，但目前面临着各种挑战：（1）上游养殖环节人力成本增加，环保更加严格，疫病防控形势严峻，原料价格大幅波动；（2）鸡蛋市场周期波动加剧，市场竞争更加激烈，营销费用大幅攀升；（3）最严峻的挑战是食品安全事件接连发生，使消费者对食品安全问题越来越敏感，越来越重视，而动物饲料、动物疫病、兽药、激素残留、有毒有害的化学物质污染、动物饮水以及周围环境等都可以影响畜禽产品的安全。因此，中国畜牧养殖的未来走向，越来越受到行业从业者的广泛关注。

（一）养鸡真赚钱：一年就是万元户

柳江集团董事长许殿明是一个爱看书看报、爱思考、爱钻研的人。1981年，位于河南省鹤壁市的柳江村还是一个偏僻贫困的小山村，村民收入的来源只有农耕劳作，许殿明家人口多，生活就更困难。贫穷又没事可做的许殿明从《中国青年报》上看到了养鸡是投资少回报快的行业，为了寻求一条生活的出路，他果断地花了150块钱买来500只鸡苗，在自家的院子里养了起来。小规模地养了几茬之后，1年下来，他竟然赚了近万元。

在许殿明及其团队专心细致的管理下，许殿明的柳江养鸡场不断壮大。1994年，柳江养鸡场从庭院式的养鸡场过渡到企业化养鸡，成立了公司。此后，公司产值和利润稳定增长，并得到了一系列荣誉。到2003年，柳江集团已成为一个集种鸡饲养，孵化生产，饲料加工，雏鸡、青年鸡销售，兽药、添加剂经营，食品加工、冷藏等为一体的股份制民营企业和综合性禽业集团，其蛋种鸡饲养量、雏鸡孵化量、青年鸡销售量居全国领先地位，成为河南省乃至全国最大的蛋鸡产业化龙头企业之一，奠定了其在蛋鸡行业中的领军地位。

（二）养殖风险大：各类危机事件频发

“辛辛苦苦十几年，一年回到解放前。”这是对很多养殖场境遇的真实描述。2003年，SARS横扫中国南北；2004年春，禽流感来到中国，禽流感疫情不断蔓延，人们可谓望“鸡”生畏。面对种种危机，柳江集团要探索一种新的养殖方法！

（三）向欧盟学习：四大转移

2004年，禽流感后，许殿明在思考怎样调控养殖环境，以利于养殖产业的发展。结合国外蛋鸡养殖经验，许殿明发现，中国蛋鸡规模化、设施化、自动化养殖的比例快速增加，集约化、集团化蛋鸡企业的数量逐年增多。但是长期快速无序的发展，使得中国蛋鸡业存在标准化程度低、饲养密度高、疫病多发的弊端，从而导致产品低劣、生产成本高等无法回避的问题。

国外从动物福利的角度改变养殖环境是值得国内养殖行业学习的。许殿明提出，中国蛋鸡行业未来将向两个方向发展：一个是高密度集约化、规模化的笼养模式，此模式主要解决蛋鸡数量的供应问题；另一个是低密度生态放养模式，此模式主要解决蛋鸡的高品质问题。两种模式的前提都是要确保食品安全、环境安全和公共卫生安全。

在经营战略和养殖布局上，许殿明总结出了“四大转移”：（1）养鸡生产从耕地面积比例大的平原地区向非耕地面积大的丘陵、山区、荒原地区转移；（2）从人口密度高的地区向人口密度低的地区转移；（3）从养殖密度高的地区向养殖密度低的地区转移；（4）从经济发达地区向经济欠发达地区转移。“四大转移”的效果可能超过所有的防疫和治疗。

（四）全方位管理投入品：水土、空气、饲料、心情

通过对国内外众多养殖场的调研，柳江集团决策层高度概括鸡需要的营养物质，认为鸡需要的营养无非三种：固态者如饲料，液态者如水，气态者如空气。只要密度低，就能养好鸡。许殿明决定给这些蛋鸡建造一个美丽的庄园，让它们舒适地生活。确立了这个想法，许殿明在董事会上下达了军令状：一定要找到一个山清水秀的地方给它们安新家。他们最后选定靠近黄果树的贵州省安顺市作为新的产业基地，成立贵州柳江畜禽有限公司，开始探索实践与国际接轨的标准化生态牧养模式。

按照密度低、空气好、饲料好、水质好的基本原则，柳江集团将中国农业大学、河南农业大学、贵州大学、中国畜牧产业协会、中国蛋鸡产业体系的“硬技术”专家和“软管理”专家请到贵州，亲临现场解决具体问题，创新了很多养殖方法，取得了多项非常实用的科研成果。柳江集团进行的新的

养殖模式的探索，效果很好，其他地方的鸡病对他们基本没有影响。

自由散养系统中产蛋鸡的福利和有机蛋的生产之间是有矛盾的：一方面，在户外散养，蛋鸡行动完全自由，它们能获得自然的光照，有足够的空间，能自由地运用垫料、产蛋窝以及栖架；另一方面，某些疾病的潜在威胁增加，需要使用药物来抵抗寄生虫，并且没有停药期规定。国内一些报道表明，在笼养方式下没有出现的问题，现在开始在自由散养方式下出现，例如丹毒、肠道寄生虫病、组织滴虫病等。研究还表明，室外饲养条件下的平均死亡率要高于室内饲养方式（无论是多层平养，还是单层平养）。在德国，室外饲养的平均死亡率远高于传统的笼养方式。因为不允许断喙，荷兰有机农场面临的主要问题是异食癖和啄羽。在有机蛋生产过程中，不允许使用合成氨基酸，尤其是蛋氨酸（但是这一点还存在争议），原因是可能会引起啄羽，且导致生产性能低下。尽管散养模式有种种弊端，但许殿明依然选择了这种产能略低的方式来保护蛋鸡的生活环境。

许殿明亲自为蛋鸡设计了“1–6–36”式别墅平养鸡舍，即每 1 亩地建 1 个鸡舍，每个鸡舍 6 平方米，里面住 36 只鸡（35 只母鸡和 1 只公鸡），确保每只鸡有充足的活动空间。鸡舍采用钢架结构，舍顶采用浅蓝色彩钢瓦加隔热层搭成，确保空气畅通；内有食槽、蛋槽、触碰式饮水乳头，还有沙浴坑、栖架。饮水、喂食都设计了专用区域、设备，确保鸡的饮食不受污染。鸡舍用尼龙蚕网分隔成若干小区域，防止鼠、蛇、鸟等的进入，降低污染和疫病的可能。为了蛋鸡生活得轻松愉快，鸡舍还配了“洗澡”用的沙坑，并定时为它们播放班德瑞音乐。实施了超远隔离、超低密度、超强通风的“三超措施”，构建了比较完备的生物安全体系，这样生产出来的有机高品质鸡蛋，不仅营养价值高，而且安全放心。

柳江集团自从实施生态牧养以来，产区没有疫情，生产过程没有激素，产品没有滞销。其关键技术包括以下几点：

1.“别墅式”生态养鸡模式。目前，柳江集团“别墅式”生态养鸡模式已申请了国家专利 40 个，已成为品牌核心竞争力。其蛋鸡养殖地必须保证生态环境优美，自然资源从空气、水质到土地都经过严格的检测，水质优异，土地无污染，周围没有任何影响生态平衡的污染源，以种群丰富、山林茂密的

柳江集团的“鸡别墅”

地区为佳。

2. 先进的养殖理念。蛋鸡的整个牧养过程中，不仅采用标准化的蛋鸡饲养管理，更配备有精心调配而成的“有机套餐”。此外，在养殖过程中，播放优美的音乐，调节蛋鸡的激素分泌。低密度生态牧养，加强了蛋鸡的活动能力，提高了鸡蛋的质量与产量。同时配备专业的养殖人员，定时定期检查蛋鸡的健康状况。

3. 从各个环节保证产品品质。只有确保鸡蛋的新鲜，鸡蛋的营养才不会流失。因此，在配送环节和销售环节，尤其要注意保证鸡蛋的品质。基于此，柳江集团设计了专门适合城市小众小规模订货的包装盒箱，可通过快递方式送达，开创了家庭配送模式，即直接将鸡蛋从生态牧养场送到客户家里，减少中间环节。从蛋鸡产下鸡蛋到鸡蛋送到客户的家中，不会超过 3 天时间，最大限度地保证了鸡蛋的新鲜。

在从生产到销售各个环节的严格把关下，柳江集团已经获得了“中国有机认证”和“欧盟有机认证”的双认证。该企业是国内首家也是目前唯一一家获得双认证的蛋鸡生产企业。

（五）做好品牌：依山依林

绿色食品、无公害食品、有机食品这些概念在食品安全越来越受到重视的今天，不仅仅受到了消费者的关注，更获得了商家的青睐。很多商家想借此热潮，搭顺风车，提高销量。然而，很多商家在实际生产过程中并没有严格遵照标准流程进行操作。

欧盟有机认证有一套严格的饲料、水、空气以及养殖区域的土壤环境指标，特别重视认证的过程。许殿明经过不断地改进养殖模式，严格地执行欧盟的有机标准，最终，柳江集团的“依山依林”有机鸡蛋顺利地通过了欧盟的认证。

低密度生态牧养的结果就是，生产模式好，产品质量好，市场表现好，发展前景好。从中可以看出柳江集团的坚持“五最”，即最有效地利用特色自然资源，最有效地保护生态环境，最大可能地利用科学技术，最大限度地市场化运作，最大限度地带动农户。按照“打山区牌、走循环路、带农民富”

柳江集团生产的“依山依林”有机鸡蛋

的思路，通过“创新、聚集、示范、辐射”，把企业建设成为农业科技集成示范中心、农业科技企业孵化基地、农业技术培训推广平台、循环农业示范窗口，为山区特色农业发展提供强有力的科技支撑。

2017年，柳江集团已成为全国首家创建蛋鸡标准化生态牧养模式的企业，是集蛋鸡饲养、科技研发、蛋品营销为一体的大型农牧企业，已发展成为国家级农业产业化重点龙头企业、全国蛋鸡企业20强、国家标准化养殖示范场、中国畜牧业百强优秀企业和中国畜牧业协会禽业分会会长单位，下设贵州柳江畜禽有限公司、北京柳江生态牧业有限公司、鹤壁分公司等6家分支机构，在河南小浪底畔、贵州黄果树旁和北京长城脚下，分别建有12个生态养殖基地，利用万亩荒山林地，存栏蛋鸡260余万只，企业规模位居国内蛋鸡养殖行业前列，生态牧养规模居全国乃至世界第一。

柳江集团以“小鸡蛋、大品牌”为核心，实现了充分、可持续地利用贫困山区的资源，为五六十岁的农民提供了就业机会，为消费者提供了优质鸡蛋，为产业融合提供了样板，做出了现代农牧业的新形式，成为中国乃至世界引领蛋鸡企业做优的坐标，成为推动畜牧行业提升的典范。

科技篇

科技引领，创新驱动

导 语

科技是第一生产力。长期以来，中国政府深刻意识到科学技术对农业发展的重要性，坚持走一条科技兴农的道路，不仅采取一系列措施激励农业科技的创新和推广，还投入大量资金支持科研机构的研究，使得农业科技在改革创新中快速推进，为农村经济发展提供了强有力的支撑，为实现人民生活从不足温饱到总体小康的历史性跨越做出了巨大贡献。

1949 年到 1966 年，中国农业科技得到恢复和发展，为之后农业科技创新奠定了良好基础。新中国成立后，党和政府十分重视农业科技工作，及时提出“理论联系实际，科学为生产服务”的方针，并制定了农业科学技术发展纲要，包括 19 个专业，共 1310 个研究项目。至 1966 年，中国建立起了完整的农业科技研究、教育和推广体系，各级农业科研单位紧密联系生产实际，在统一规划下分工协作，科研工作进展很快。

改革开放之后，中国的农业科技在农业与农村经济快速发展过程中起到了重要的支撑作用。1978 年，党中央召开全国科技大会，十一届三中全会又提出“四个现代化，关键是科学技术现代化”。全国科技工作在恢复中有所发展，农业科研工作取得了丰硕的成果。

新世纪以来，连年中央一号文件都反复强调要大力推进农业科技进步，出台了一系列有利于促进农业科技创新和转化应用的政策措施，使中国农业科技事业实现快速发展。

农业科技的结晶，让中国农产品产量迅猛增长。杂交水稻、杂交玉米、矮败小麦、双低油菜等品种的成功研发和推广应用，使主要农作物良种覆盖率达到 95% 以上，极大地提高了农作物综合生产能力。新中国成立以来，中国实现了农作物品种 5~6 次大规模更新换代，推动了粮食产量的大幅增长。中国还选育并大力推广了商品瘦肉型猪杂交组合、中国黑白花奶牛、细毛羊、黄羽肉鸡等一大批优良畜禽品种和建鲤鱼、对虾等水产新品种，是中国肉类、禽蛋和水产品总产量跃居世界首位的支撑。

近年来，国家高度重视农业科技创新，加大投入力度，启动了转基因重大专项，构建并组织实施了现代农业产业技术体系建设，创建了航天育种技术体系，为增强农业科技创新能力，提升产业竞争力奠定了坚实基础。农业科技增强了农村资源环境技术和可再生能源开发利用能力，促进了农业可持续发展。目前，主要粮食作物的机械化生产发展迅速，小麦生产基本实现全程机械化，水稻机插、机收和玉米收获机械化快速推进，耕种收综合机械化水平达到45%。

一代又一代科研工作者的努力使今天的中国农业不再面临技术落后问题，然而技术如何与生产相结合、科技如何转化为生产力的问题，依然困扰着中国农业。近年来，中国政府在农业科技方面开辟了新思路，启动了一些

大型农田喷灌系统

科技专项，在农业科技发展和技术推广方面取得了显著的成效，朝着农业现代化的目标继续前进。

第一节　农业科技创新激励

一、农业科技创新

农业科技创新，是指有关农业生产的新知识、新技术的产生及应用，使得农业生产系统的产出效率得以提高的过程。因此，农业科技创新是包括“研究开发、技术创新和创新扩散”的全过程。农业科技创新的主体不仅包括政府及其资助的公共农业研究部门、大学、推广机构，也包括农业企业和农民，还包括农业行业协会及非营利性组织等。

农业科技创新与一般技术创新相比有以下特点：

1. 具有生物性。农业生产的对象为生命体，农业生产的目标是降低生产过程的资源消耗，提高生物产品的产量和质量。农业科技创新必须在顺应动植物生长发育的规律基础上，改进生物生产性能，改善生物产品品质，提高生物对资源的利用和转化效率，实现农业生产的预期目标。

2. 具有季节性和区域性。农业生产主要在田地中进行，气候等自然因素的变化决定了农业科技创新的季节性。农作物生产具有一定的自然周期，这又决定了农业科技创新的周期性。一项技术只能在生物生长发育的特定季节才能创新，也必须在一个完整的生长周期内才能完成农业科技创新。同时，一项技术只能在特定地域才能采用，农业技术需经过当地适应性改良研究，试验成功后才能推广应用。

3. 具有投资收益滞后性。农业新知识、新技术的产生、扩散和应用都有一定的周期，这使得当年的创新投资需要若干年后才能得到回报。

4. 具有不确定性和高风险性。农业科技创新收支与自然条件变化程度和动植物本身的生物规律关系密切，导致农业科技创新具有风险大、周期长和机会成本高等特点。农业科技创新的风险来源于自然风险、经济风险、市场风险和政策风险等方面。

5. 具有公共物品的特性。农业科技成果除了部分农机、农药、种子和农产品加工技术可以形成专利成果外，其他农业科技多属于公共物品，很容易被无偿采用或模仿。这就决定了农业科技创新不可能完全市场化，必须依靠政府予以补贴和资助，才能达到资源的最优化配置。

6. 转移推广受到农户经营规模制约。中国农户经营规模小，影响了农户的资金积累和农业科技成果的应用效果，导致农户没有足够的动力选择新的技术。

7. 技术需求受农民素质约束。对农民来说，是否采用一项农业新技术取决于农民采用新技术的成本和预期收益。农民自身素质直接决定着农业技术应用的成本和收益的高低。一个受过教育的农民比没有受过教育的农民学习和采用新技术的成本低、收益高。

中国当前的农业科技创新驱动模式多种多样，有政府、计划驱动型，有企业、市场驱动型，也有综合驱动型。多种模式的合力推动着今天中国农业科技创新的不断发展。

二、政府驱动，科技入户

鉴于中国农村人口多、教育水平低、农业技术需求强烈的问题，中国政府 2004 年开始推行农业科技入户工程。该工程组织各级各类科技单位和人员深入生产一线，示范推广优良品种，对农民进行农业科技培训，实现科技人员直接到户、良种良法直接到田，技术要领直接到人；培育和造就一批思想观念新、生产技能好、既懂经营又善管理、辐射能力强的农业科技示范户，发挥科技带动作用，拓宽科技下乡的渠道；构建政府组织推动，市场机制牵动，科研、教学、推广机构带动，农业企业和技术服务组织拉动，专家、技术人员、示范户和农户互动的新型农业科技网络。该工程力争使科技示范户的素质和能力得到显著提高，使农业技术服务组织进一步壮大，培育 100 万个科技示范户，辐射带动 2000 万农户，发展 1 万个新型农业技术服务组织；重点示范区内主要先进实用技术入户率和到位率达到 90% 以上，农业综合生产成本降低 15% 以上，科技进步对农业增长的贡献率提高 10% 以上。

农业科技入户工程是典型的政府计划推动型农业科技创新模式，实施后已取得良好效果。实施一年后各农产品情况具体如下：

水稻：在 8 省 10 县实施，核心示范区的平均产量在 600 千克以上，亩增收 100 元以上，其中铁岭示范区单产 767.3 千克，亩增收 150 元；辐射区大面积亩增产 30 千克以上，每亩节约成本 20 元、增收 50 元以上。

小麦：5 个示范县的示范区比非示范区小麦产量高 15.2%，每亩小麦增收 87.6 元。核心示范区亩产达到 607.4 千克，较前三年平均增产 24.9%，加之生产成本的节约，亩增收 100 元以上；辐射区 205 万亩，平均亩产 550.7 千克，增产 12.2%，亩增收 50 元以上。

大豆：在东北 4 个省的 5 个县实施，落实核心示范区 14087 亩，辐射区 102 万亩；黑龙江八五二农场万亩核心示范区平均亩产 229 千克，创造了历史纪录，辐射区平均亩产 204.2 千克，比历史最高产量增产 6.8%，超过了美

农业科技入户示范工程

农业专家深入田间指导农民生产

国、巴西和阿根廷等大豆生产先进国家的生产水平。内蒙古扎兰屯市遭遇大旱之年，大豆科技提升行动辐射区 20 万亩大豆亩产 81~130 千克，比非示范区每亩增产 31~80 千克。

同时，农业科技入户工程进一步提高了农民依靠科技种粮的意识，营造了学科技、用科技的良好氛围。农民积极参加技术培训，主动采用新品种、新技术。同时，政府的组织、农民的热切期望，感召了农技人员的服务意识，激励农技人员走得勤、蹲得住。

从国家农业科技入户工程实施取得的成效来看，政府计划组织推动创新模式对农业科技创新起到非常关键和有效的作用，有利于降低农业科技创新的不确定性，避免农业科技创新的外部性，也较为适合中国农业生产的特点。

政府驱动型的创新主体一般为公共农业研究院所。农业科技的选择与配置取决于政府的制度安排。农业科技成果由政府投资的研究机构，按政府计划进行研制、创新，创新成果由政府农业科技推广网络转化为现实生产力，计划和行政力量对技术创新活动起支配作用。当所制定的计划能体现经济发展要求，又能保证技术创新所需资源合理投入时，这种模式会加快科技创新速度，产生良好的创新效果。政府驱动模式更为注重基础研究，对科技创新的推动十分有力，创新效率也是较高的。

三、企业驱动，技术创新

棉花是中国的重要经济作物，主要植棉区农业人口有3亿多，从事棉纺及相关行业人员1000多万人，棉纺织品每年出口创汇占全国出口总量的1/4。中国每年棉花播种面积为7000多万亩。但由于传统的种植方式和品种问题，棉铃虫对中国的棉花生产种植危害相当严重：一方面，由于要大量使用农药，造成了生产资料成本和劳动力成本增加；另一方面，由于农民不合理使用农药，导致每年都有中毒事件发生。据统计，仅棉铃虫害每年就给棉农造成60亿~100亿元的损失，农民迫切需要抵抗棉铃虫的棉花品种。20世纪90年代，美国推出转基因抗虫棉，1998年中国转基因抗虫棉种植面积为380万亩，其中95%为美国抗虫棉，中国迫切需要拥有自主品牌的抗虫棉。

中国科学院棉花所围绕棉花科技创新的需求，通过组建企业集团的形式，开始了对转基因抗虫棉的研究。按照产业发展目标，棉花所投资了1000万元，成立了具有独立法人资格，拥有棉花所科技成果独家生产经营权的全资公司——中棉所科技贸易公司，负责全所科技成果转化工作。该公司是棉花所科技成果转化和创收的主要渠道。1998年以来，公司在新疆、黄河及长江流域组建了8家区域性合资公司，建立良繁推广基地20多个，初步形成了覆盖全国主产棉区的种子生产、销售、服务体系。公司每年生产销售棉花新品种800万千克，推广面积300多万亩，年创社会经济效益6.3亿元。

截至目前，棉花所主持或参加国家、省级以上研究项目400余项；共取得科技成果168项，其中奖励成果95项、专利8项；收集棉花种质资源材料8300份，供200余家单位利用；育成品种162个，占全国品种的80%；年创社会经济效益18亿元。

由于中国以需求为导向，不断加强棉花科技创新，使得中国拥有了自主知识产权的抗虫棉。自主知识产权的抗虫棉从1998年占有不到5%的市场份

中国自主研制的转基因抗虫棉

额，增加到如今占有60%以上的市场份额，彻底扭转了美国抗虫棉在中国市场的主导地位。

企业驱动型的创新主体一般是企业。这种模式下，科技创新始于市场需求，即市场引导科技创新。在市场经济条件下，市场需求拉动在农业科技创新中起到重要作用。技术创新主体根据市场需求信息，组织技术创新活动，其目的在于追求经济效益。这种模式能较好地适应市场需求，调动创新者的积极性和创造力，形成一种既有压力又有动力的激励机制，实现以市场为导向的自助创新、自助经营、自负盈亏、自我发展的创新机制。然而该模式由于被需求拉动，因此容易忽视基础性研究，导致科技创新缺乏强有力的后劲。

四、双向驱动，形成合力

在加快现代农业建设的进程中，江西省多措并举，广泛开展农业科技服务工作，创新活动载体，推进“十百千万”科技兴农活动，全省农业社会化服务体系快速形成。

“十百千万”科技兴农活动，即指厅领导联系11个设区市、百名处长挂百县、千名领导干部帮千企、万名农技人员下基层，加快先进适用农业技术的推广，力争科技对农业的贡献率提高2个百分点。

截至2015年年底，江西省有各类农业生产经营性服务组织逾7万个，成员超过70万人；全省农业科技进步贡献率为51%，主要农作物良种覆盖率逾96%。江西省基本实现了粮食高产创建、测土配方施肥等关键技术全覆盖。

双向驱动型，是指创新主体根据市场状况和自身条件决定是否承接政府计划，政府也根据各单位的条件，选择确定完成计划的创新主体，实现创新主体与政府部门的双向选择。国家计划部门根据市场需求和技术发展要求，综合确定国家重点创新计划或者由某些农业科技创新单位，根据市场需求和技术发展要求确定农业科技创新项目，由政府计划部门申请列入国家重点农业科技创新计划，争取国家资助，如国家自然科学基金、国家社会科学基金、中华农科教基金等。这种模式有利于提高农业科技创新的效率，提高技术创新者的主观能动性和创造力。中国当前的企业创新能力相对缺乏，因此农业创新大多还是以公共部门为主。

改革开放以来，中国的农业科技创新体系建设取得了一定的进展和成效，但仍然存在很多问题，主要是创新能力不足和创新效率不高。产生这些问题的原因是多方面的，如果仅从微观方面“头疼医头，脚疼医脚”，难以从根本上解决这些问题。因此，中国政府就构建农业科技创新体系提出了新的方向：以需求和任务为导向，促进农业科技与经济的结合；针对创新资源分散、重复的问题，加强创新资源的整合；针对体制不顺和机制不活的问题，理顺体制和完善机制；针对创新基础条件薄弱的问题，加强能力建设，包括公共研究体系的能力和农业企业技术创新的能力；营造良好的创新环境和文化氛围。

中国政府还就农业科技创新体系提出了长期和短期的目标：

第一阶段是到2010年，初步建立起适应市场经济体制和农业科技自身规律的农业科技创新体系。整体实现中国农业科技创新体系的基本结构和科技创新主体布局，重点建设以国家公共研究机构为主体的、产学研互动的国家农业科技创新体系。在国家层次上，围绕战略重点，形成合理的学科与领域布局和协作机制，形成一批具有国际水平的农业科研院所和适应区域农业发展需要的区域创新中心以及试验站；全社会对农业的研究与开发投入水平达到农业总产值的 1.5% 以上；农业科技基础条件、创新体制和创新文化等方面建设取得明显成效；使得农业科技对经济增长的贡献率达到 55%。这一阶段目标已经实现。

第二阶段是到 2020 年，建成体现和支撑全面建设小康社会和现代农业发展要求的农业科技创新体系。全社会对农业的研究与开发的投入逾农业总产值的 2%。农业科技对经济的贡献率达到 60%，极大地提高中国农业的研究开发能力。农业科技竞争力明显提升。

第三阶段是到 2050 年，建立起支撑发达国家和现代农业创新能力的农业科技创新体系，农业科技对经济的贡献率为 70%~80%，相当于发达国家的水平。

第二节　重要农业科技领域

一、生物育种，领先世界

中国工程院院士袁隆平，从 20 世纪 60 年代开始，致力于杂交水稻的研究，经过 12 年的努力，成功培育出了“三系杂交稻”。1976~1987 年，他培育的杂交水稻种植面积累计达到 11 亿亩，增产稻谷 1000 亿千克。1979 年，杂交水稻作为中国第一个农业技术专利转让美国。

如今，中国大江南北的农田普遍种上了袁隆平研制的杂交水稻。杂交水稻的大面积推广种植，在中国粮食增产过程中发挥了重要作用。

袁隆平的杂交水稻引起了世界的关注，许多国家的专家到中国来取经，印度、越南等 20 多个国家和地区还引种了袁隆平的杂交水稻。袁隆平的努力，也为解决世界粮食短缺问题做出了贡献。

为此，中国政府授予袁隆平“全国先进科技工作者”“全国劳动模范”和“全国先进工作者”等光荣称号，联合国世界知识产权组织授予他金质奖章和“杰出的发明家”荣誉称号，国际同行称他为“杂交水稻之父”。袁隆平以自己不懈的努力和才华，在古老的土地上创造了非凡的奇迹。目前在中国，有一半的稻田里播种着他培育的杂交水稻种子，每年收获的稻谷 60% 源自他培育的杂交水稻种子。

为了杂交水稻，袁隆平几乎奉献了自己的一切，知识、汗水、灵感、心血，没有什么不是为了那梦寐以求的杂交水稻。在研究的初期阶段，为了获得一株必需的水稻天然雄性不育株，他和新婚妻子一起，1964、1965 年连续两年的酷暑季节，顶着烈日，大海捞针般地在安江农校实习农场和附近生产队的稻田里寻觅，在前后共检查了 4 个常规水稻品种的 14000 多个稻穗后，终于找到了 6 株雄性不育的水稻植株。

身体的劳累还在其次，学术界权威的质疑与反对，使袁隆平承受着巨大的舆论压力。当时学术界流行的经典遗传学观点认为，水稻是自花授粉作物，经过长期的自然选择和人工选择，许多不良的因子已经被淘汰，积累下来的多是优良的因子，所以自交不会退化，杂交也不会产生优势，从而断言研究杂交水稻没有前途，甚至说研究杂交水稻是“对遗传学的无知”。然而无论是科学道路上的挫折、失败，还是人为的干扰、破坏，所有的磨难都无法动摇袁隆平执着的梦想。他坚信实践才是真正的权威，火热的生命加上知识的力量能够改变一切。

1966 年，经过两个春秋的艰苦试验，对水稻雄性不育株有了较多的感性认识后，袁隆平把获得的科学数据进行理性的分析整理，撰写出首篇重要论文——《水稻的雄性不孕性》，并在中国科学院出版的权威杂志《科学通讯》上发表。这篇论文的发表，在国内开了杂交水稻研究的先河，这不是一个普通意义上的水稻育种课题的启动，而是开创了一个划时代的崭新的研究领域。在其后的 30 多年间，他在杂交水稻这个领域始终保持着世界领先地位，他的研究成果一个接一个，他创造的杂交水稻神话一个接一个。1976 年至 1999 年，中国累计推广种植杂交水稻 35 亿亩，增产稻谷 3500 亿千克，相当于解决了 3500 万人口的吃饭问题，确保了中国以仅占世界 7% 的耕地养活占世界 22% 的人口。

袁隆平与他的杂交水稻

袁隆平用知识在中国古老的土地上，圆了华夏民族几千年都在渴盼的梦想，写下了一个震惊世界的神话。

20世纪50年代，中国海洋大学的方宗熙开启了中国海洋生物遗传学和育种学研究的序幕。方宗熙将教学与科研紧密结合，与有关同志一起，着手对海带的遗传育种进行研究，发现和揭示了海带经济性状的数量遗传规律，并建立了海带选择育种技术理论与方法，先后培育出“海青一号”宽叶品种、“海青二号”长叶品种和“海青三号”厚叶品种等海带新品种，使中国成为实现海洋生物良种培育的国家，开启了中国海水养殖业良种化的序幕。方宗熙指导完成的海带、裙带配子体克隆培育，解决了大型海藻不能实现长期保存的世界难题，使中国成为国际上唯一一个实现大型海藻种质资源长期保存的国家。至今，他创设的海带遗传育种技术体系，仍是国内外大型经济型褐藻育种研究沿用的技术手段，也为中国海藻养殖业良种培育做出了卓越贡献，并且深远地影响和带动了中国海水养殖生物品种的遗传改良工作。

有了方宗熙奠定的良好基础，中国海洋大学的研究人员在海带遗传育种的道路上不断前行，且硕果不断。继1992年和1996年成功培育出"荣海一号"杂交品种和"远杂十号"远缘杂交品种之后，又于2004年在以刘涛教授为代表的第三代海洋生物遗传育种工作者的努力下，成功培育出"荣福"海带新品种。该品种具有经济性状稳定、增产效果明显、耐高温性状突出的特点，成为南北方养殖户共同青睐的品种。

"荣福"海带新品种的培育成功是对海洋大学育种人多年辛勤付出的回报，面对成功的喜悦，刘涛和他的团队没有沾沾自喜，而是选择继续前行。正是他们这种孜孜以求的探索精神，使得中国海洋大学的海带遗传育种工作捷报频传。2011年，刘涛团队潜心培育的"爱伦湾"海带新品种获得国家水产新品种证书。该品种具有加工率高、产量大、增产效果明显等优点，在山东、辽宁近海地区进行了大规模养殖推广，平均亩增产逾25%，创造经济效益近3亿元。

"荣福""爱伦湾"海带新品种的培育和推广，标志着中国以"优质、高产、抗逆"为标志的第三次大规模海带品种更替工作的开始，并对支撑中国海带产业高效发展、优化改善近海养殖生态环境等，具有重要应用价值。

2013年4月中旬，由中国海洋大学与福建省霞浦三沙鑫晟海带良种有限公司、福建省三沙渔业有限公司、山东省荣成海兴水产有限公司联合培育的海带新品种"三海"海带荣获了国家水产新品种证书。"三海"海带具有耐高温、高产和广适性等优点，已在中国渤海、黄海、东海和南海沿海进行了大规模养殖推广，主产区平均亩增产逾30%。该品种是由刘涛、刘翠、池姗等中国海洋大学科研人员历时6年培育完成的。这也是中国海洋大学海带遗传育种研究史上培育的第10个海带新品种，目前已在广东、福建、浙江、山东、辽宁等地推广种植19万余亩，创造社会经济效益近20亿元。"三海"海带新品种的培育成功标志着海带遗传改良技术已从群体选育、细胞工程育种正式迈入到分子育种新时期。

中国海洋大学培育出的“三海”海带

20世纪以来，中国海洋大学研究人员培育的海带良种不仅开启了中国海水养殖业良种化的序幕，而且通过持续的品种改良研究推动着中国海带产业整体的高效发展，并在优化改善近海养殖生态环境、提高渔业碳汇蕴贮能力等方面发挥了重要的生态功能和社会价值。

生物育种是指人们按照自己的意愿，依据不同的育种原理，有目的、有计划地获得人们需要的生物新品种。20世纪80年代以来，生物育种先后被中国政府列入“863”“973”和国家重大科技专项，一直是中国生物技术发展的重点领域。特别是2008年“转基因生物新品种培育”重大科技专项实施以来，成效显著。

目前，中国已初步建成世界上为数不多的，包括基因发掘、遗传转化、良种培育、产业开发、应用推广以及安全评价等关键环节在内的生物育种创新和产业开发体系，转基因作物自主研发的整体水平已领先于其他发展中国家。中国已拥有抗病虫、抗除草剂、优质抗逆等一批功能基因及相关核心技术的自主知识产权；棉花、玉米、水稻等农作物生物育种的基础研究和应用研究初步形成了自己的特色和比较优势；目前已获得三系杂交抗虫棉花、抗虫水稻、抗虫玉米等一批达到国际先进水平、具有产业发展巨大潜力、可与国外公司抗衡的创新性成果。此外，创世纪、奥瑞金、大北农、中国种子集团等一批创新型生物育种企业先后诞生与发展，成为中国生物育种自主创新能力全面提升和现代种业发展的重要标志。

二、智能农业，实现自动化

无锡市阳山镇在水蜜桃基地采用的智能农业物联网监测系统，是中国国内首例智能农业监测系统。现在到阳山水蜜桃基地可以看到一批“新景观”，大片桃林中竖起一根根铁杆，杆顶安装有黄色装置，连接下来的线路通到桃叶间或土壤里的器件中。

阳山在国内率先应用智能农业物联网监测系统，先期在25亩桃林中设立22个传感器和3个微型气象站，实时采集水蜜桃生长的土壤温湿度、环境温湿度、光照强度、叶片湿度等，以此建立“数据库”，今后还将推广标准化种植。过去，阳山水蜜桃种植主要采用“拍脑袋种植法”，就是凭经验来决定什么时候施肥、浇水等，而对究竟在怎样的条件下种出来的水蜜桃品质最好缺乏系统的研究。

2010年，阳山镇成立了太湖阳山水蜜桃科技有限公司，建立了3000多亩水蜜桃科研种植基地。太湖阳山水蜜桃科技有限公司采用了专门开发的桃园种植精准监测系统，首期投入60万元在25亩桃林安装了传感器和微型气象站，精确采集水蜜桃的生长环境信息。该系统将存储、总结出水蜜桃对土壤温湿度、环境温湿度、光照强度、叶片湿度等的需求规律，进而联动控制，及时、精确地满足水蜜桃对环境各项指标的需求，达到大幅增产、改善品质、调整生长周期、提高经济效益和种植水平的目的。

每25亩桃林中平均分布了22根4米多高的铁杆，每只铁杆顶端的黄色装置是物联网的节点，通过线路连接的是各种各样的传感器，如插入土壤的温湿度传感器、隐在树叶间的树叶湿度传感器、空中的环境湿度传感器和光照强度传感器。设立的3座微型气象站可以实时提供大气压力、光照强度、温湿度、风向、风速等信息。传感器和微型气象站均由太阳能供电，采集到的数据先传输到铁杆顶端的物联网节点，然后通过无线传感器传递到网络中心，最终由太湖阳山水蜜桃科技有限公司的中央控制系统来处理。通过全面的数据采集，将形成科学种桃的数据库，确定土壤、空气温湿度等的临界值，这样就可以精确调控水蜜桃的生长环境。

智能农业又称“工厂化农业”，是指在相对可控的环境条件下，采用工业化生产，实现集约高效可持续发展的现代超前农业生产方式，就是农业先进设施与陆地相配套、具有高度的技术规范和高效益的集约化规模经营的生产方式。它集科研、生产、加工、销售于一体，实现周年性、全天候、反季节的企业化规模生产；它集成现代生物技术、农业工程、农用新材料等学科，以现代化农业设施为依托，科技含量高，产品附加值高，土地产出率高，劳动生产率高，是中国农业新技术革命的跨世纪工程。

智能农业产品通过实时采集温室内环境温度、土壤温度、二氧化碳浓度、湿

智能农业物联网监测系统

度、光照等环境参数，自动开启或者关闭指定设备。其可以根据用户需求，随时进行处理，为实现对设施农业综合生态信息自动监测、对环境进行自动控制和智能化管理提供科学依据。

智能农业还包括智能粮库系统，该系统通过将粮库内温湿度变化的信息与计算机或手机相连接进行实时观察，记录现场情况，以保证粮库的温湿度平衡。

三、农业机械化

农业机械化是现代农业的基本特征。近年来，随着中国综合国力的提升，对农机购置补贴力度不断加大，农机保有量大幅提高，农机化作业面积逐年增加。尤其是近10年来，中国结束了长期的农业支持工业模式，开启了工业反哺农业的新篇章。2015年，中国农业机械行业企业数达到2428家，生产总值近4000亿元，农业机械总动力1.08亿千瓦；农机化作业服务组织17.5万个，相关从业人员189.5万人，农机户5332.2万人；水稻、小麦、玉米三大主粮作物耕、种、收机械化率均超过90%。中国一跃成为全球最大的农机制造国和最大的农机消费市场。

在中国农业机械化高速发展的背后，隐藏着一系列不能忽视的问题，具体说来有以下几个方面：

1. 农业机械数量及结构不合理。中国当前的农机装备现状是小型农机多，大中型农机不足；运输机械多，农田作业机械少；低档次机械多，高性能机械少。

2. 农业现代化区域发展不平衡。中国东部经济较发达、农业生产水平较高的地区，农业机械保有量比较大，农业机械化发展水平较高；而西部经济发展缓慢、农业生产水平较低的地区，农业机械保有量低。

3. 农业机械使用效率低。由于中国部分地区经济发展水平落后，农民收入较低，农业机械购买力不足，严重影响和制约着农业机械化的发展。部分地区农民虽能买得起农业机械，但因文化水平较低，农业技术掌握不到位，农业机械购买后不会使用，造成农业机械大量闲置，难以发挥效率，影响了农民购买农机的积极性。

4. 农机服务组织化程度低。由于目前中国的农业专业合作社组织、农机生产大户、农业机械化协会、农业机械化专业服务队等农机服务组织参差不齐、规模不一、管理不规范等问题严重，因此难以发挥出应有的带动、指导作用。

5. 农业机械化科技投入不足。目前中国在农业机械科技研发上的投资力度不够，相关配套系统建设落后，导致农业技术和农业机械化发展缓慢，满足不了农业生产发展的需求，严重制约着农业现代化的发展。

基于这些问题，中国政府转变了农业机械化发展的方向，从过去的投入拉动向创新驱动转化，提质增效，优化产业链，调整产业结构，逐步顺应经济新常态下农机化发展的新需求。

第三节　科技创新平台建设

一、农业科技创新联盟，合作提升价值

2009 年，山东省青岛市率先开始了农业科技创新联盟的建设。目前，青岛市农业科技创新资源包括高等院校、科研院所、企业及各种形式的协同创新组织。青岛市拥有正规高校 7 所；国家级农业科研院所 3 家，省级农业科研院所 1 家；农业科研重点实验室部级 8 个，省级 4 个，市级 8 个；涉农国家级工程技术研究中心 1 个，省级工程技术研究中心 4 个；涉农国家认定企业技术中心 3 个，山东省认定企业技术中心 5 个，青岛市认定企业技术中心 27 个；其他涉农国家或省部级科技创新平台 20 个；农业产业化国家重点龙头企业 9 家，省级龙头企业 56 家，市级龙头企业 131 家；青岛市先后成立了现代种业、饲料和生物质能源等 8 家产业技术创新联盟。2010 年，山东省启动现代农业产业技术体系创新团队建设。目前，青岛市拥有青岛农业大学、山东省花生研究所和青岛市农业科学院等单位的国家级农业产业技术体系首席专家 3 人、岗位专家 35 人，山东岗位科学家和试验站 46 个，依托青岛市建立的综合实验站 11 个。

目前，自发型、共建研发中心型和课题联合型是青岛市农业科技协同创新

组织的主要组织形式，基本能够发挥协同创新的作用。例如，青岛康大集团公司与中国农业大学、山东农业大学、中国农科院等多所高校、科研院所合作，建立开放式项目实验室；青岛农业大学获批建设的“青岛市园艺植物遗传改良与育种重点实验室”“青岛市动物种质创新及健康养殖工程技术研究中心”等10个青岛市科技创新平台，实现了产学研集成，促进了科技创新和成果的产业化。

青岛市的现代种业、饲料和生物质能源等8家产业技术创新联盟，其参与主体逐渐由以高校、科研机构为主导，向以企业为主导及企业组建型发展。例如，国家驴产业技术创新战略联盟，由山东东阿阿胶股份有限公司、新疆玉昆仑天然食品有限公司、青岛农业大学和新疆畜科院联合国内26家单位共同发起成立，围绕驴产业链环节的创新，整合各方面资源展开创新活动。

今天，中国农业的发展面临着诸多约束，科技进步已经成为突破资源和市场对中国农业双重制约的根本出路。随着农业现代化进程的加速推进，农业生产方式、经营主体、农业功能、组织形式都发生着深刻变化，农业科技创新呈现出日益需要综合解决、联合攻关及科技成果需要社会共享、推广应用的特征。顺应这种发展趋势，中国政府近年来提出建立农业科技协同创新联盟的要求，围绕农业的关键技术需求，整合科技创新资源，完善创新组织机制，提高农业创新水平和成果转化能力。

农业科技创新联盟是时代发展的新产物，是产学研合作的进一步深化，是在战略联盟组织形式基础上发展形成的，以提升创新能力和科技支撑能力为目的的农业科技创新合作组织形式。具体来说，农业科技创新联盟是多个创新主体，为解决产业发展所面临的共性关键技术难题，以产业为线，以产品为单元，围绕重大技术攻关、科技服务和成果转化而组成的资源共享和成果共推的协同创新组织。它有利于整合创新资源，打破产业发展和科技创新难以接轨的局面，形成共建共享、高效运行的合作体系。

二、农业科技成果转化平台，网络助力科技

中国农业科技成果转化交易服务平台，是2013年建立的一个旨在提高中国农业科技成果转化和推广水平的服务平台，它是农业、科技和网络的集体产物。该平台成立以来，已经收集了2423项农业科研成果，涉及339家农业

全国农业科技成果转化交易服务平台

科研教学单位、304 家企业、1475 家中介机构和 2997 名农业科技专家。

按照公益性与经营性相结合的原则，该平台积极开展国内外成熟、实用、可以转化交易的农业科技成果的征集、梳理、甄别、发布工作；接受单位或个人申请，为其提供成果评价、专利技术评估等服务；促成供需双方的成果进行交易，并提供相应的产业规划、技术熟化以及成果升级改进服务；跟踪国内外农业科技成果转化交易服务中的政策措施，建立农业科技知识产权保护与开发利用相关的规则和机制，并为各级政府和相关决策机构提供政策建议。

三、种子工程，建立良种仓库

海南省是中国面积最大的热带气候区，有独特的气候条件和生态环境。海南省南端的三亚市、乐东县和陵水县是滨海冲积平原，受海洋气候影响，寒暑变化不大，年平均气温为 25.4℃，年极端最高气温为 35.3℃，极端最低气温为 5.1℃，长夏无冬，夏季长达七八个月。冬春季每月日照均在 180 小时，春

南繁育种基地

南繁育种基地工作人员正在除草

季增温快，秋季降温慢，雨量充沛，阳光充足，热量丰富，光能利用率高，冬季如春，皆为喜温作物的活跃生长期，水稻等喜温作物每年可种三茬，甘蔗正常越冬，热带作物终年生长、开花、结果。这里是著名的天然大温室，是全国最大的南繁育种和农业科学研究试验基地。

从20世纪50年代末起，就有农业科研单位在乐东县和陵水县进行科研育种，到20世纪70年代中期，这里逐步成为全国南繁育种基地。每年冬季，全国南繁育种的省、市、自治区有30个，有农业部门、大专院校和科研院所四五百个单位和万名技术人员，进行各种农作物品种选育、加代繁殖等农业科研活动。南繁育种面积一般在6万~7万亩，如遇上自然灾害的缺种年份，南繁育种面积则要增大，如1977—1978年度高达23.6万亩。这里每年生产各类作物种子逾700万千克，其中杂交水稻种子约占2/3。

南繁育种基地主要分布在三亚市和乐东、陵水两县，共7个农场、21个乡镇，覆盖面积20多万亩。基地建设在政府的关注下得到了很大的发展，已投资建设农田水利工程59宗，各种建筑375座，渠道防渗护砌82千米，改善灌溉面积18.32万亩；建立种子仓库7600平方米，晒场3.8万平方米，种子检验室250平方米，低温低湿仓库600平方米，物资仓库1000平方米，种子加工房800平方米，配有种子脱粒、加工、精选、包装、烘干等机械设备和检验设备。在海口设有南繁接待站、物资中转站，三亚、陵水、乐东三个基地还建有农业技术推广中心站和南繁服务站26个，建设面积2.8万平方米。南繁基地基础设施已初具规模，为南繁育种和科研创造了良好的条件。

据统计，1965年以来，全国各地育种专家和工作者到南繁基地进行育种和开展科研活动的人数总计超过41万人次，生产水稻、玉米、高粱、小麦、油料、棉花、麻类、烟草、蔬菜、瓜果等28种作物种子达3.1亿千克，为全国各地提供了大量的农作物新品种，为中国农业的发展做出了重大贡献。

中国的种子工程，是中国农业部于1995年为了实现“20世纪末增产粮食500亿公斤、棉花1000万担”的战略目标，根据中国农业的形势和特点而决定实施的一项种子产业化工程。中国种子工程是以农作物种子为对象，以为农业生产提供具有优秀生物学特性和优良种植特性的商品化种子为目的，通过利用现代生物学手段、工程学手段和农业经济学原理以及其他现代科技成果，按照种子科研、生产、加工、销售、管理的全过程所形成的规模化、规范化、程序化、系统化的产业整体。

种子工程实施20多年来，取得了丰硕的成果，继续实施种子工程已经成为促进中国农业发展的重大举措和新的经济增长点，这已成为全国上下的共识。

中国实施种子工程主要有三方面原因：

1. 为了提高农产品的供给。中国人均农业资源相对匮乏，在相当长时间内将面临耕地减少和基础条件薄弱等客观因素的制约，要保证中国农业，尤其是粮食生产的稳定增长，科技是不可或缺的动力。

2. 发展种子科技是农业现代化的必经之路。提高单位面积产量，投资最少，效益最直接、最明显的方法是使用农作物高产新品种的优良种子。由于良种增产作用巨大、经济效益高，且有利于提高农产品品质、减轻病虫害及不良环境造成的损失，因此必须加强种子研究。

3. 客观条件已经具备。在长期计划经济体制下形成的中国种业，拥有地级以上科研机构1100多个，科研人员12万余人，其中从事育种工作的专业研究所400多个。良好的研究基础决定了中国有能力实施种子工程。

流通篇

渠道畅通，流储有序

导　语

解决农业问题，不仅要思考如何把农产品生产出来，还要考虑农产品如何从地里转移到消费者手中。中国政府对农产品流通的关注和管理由来已久，从最初计划经济时代的统购统销，到市场经济状态下的宏观调控，都是为了将农产品以最快捷、最科学的方式转移到消费者手中的努力和尝试。新中国成立以来，中国农产品流通大致经历了四个发展阶段。

1953—1977 年属于统一计划购销时期。从 1953 年开始，农产品出现供需紧张的情况，为控制这一局面，保障基本的生产、生活需要，中国农产品开始实行统购统销的流通体系。到 1956 年，国家出台了一系列政策，实现了对粮食的统购统销、对棉花的计划控制，农业的发展开始纳入国家计划经济的轨道。这一时期基本上采用了农产品计划供应的方式，将农产品流通直接纳入国民经济计划，实质上否定了农产品的商品交换性质，农产品基本上不存在随行就市的自由交易。

1978—1984 年属于过渡时期。这一时期是中国由计划调节向计划调节与市场调节相结合的过渡时期，随着家庭联产承包责任制的实施、人民公社制度的解体，农产品流通体制也开始突破传统的计划经济体制。在这一阶段，国家逐步减少了统购统销和限售的品种和数量，缩小了国家收购农产品的范围。到 1984 年年底，属于统购派购的农产品由过去最多时的 180 多种减少到 38 种，统购派购的范围大大缩小。除棉花外，其他农产品在完成政府收购任务后，根据市场供求关系实行议购议销。在过渡时期，由于政策的放宽，农民生产积极性提高，剩余农产品开始出现，农村集贸市场和传统农副产品市场也得到恢复和发展，成交金额增长迅速。

1985—1997 年属于双轨制时期。这一阶段废除了传统的农产品统购统销制度，逐步建立起农产品市场调节机制，合同定购与市场收购两种交易方式并存。统购统销制使生产、消费、需求相互脱节，损害了农民的利益，而合同定购与市场收购的“双轨制”，大大加快了农产品流通市场化的进程，在一定程度上维护了农民的利益。

1998 年至今属于深化改革时期。这一时期农产品流通体制改革的重点是粮食领域，粮食以外各类农产品流通的市场化改革进程都得到了持续的推进，并逐渐形成了较为稳定的市场化流通秩序。

纵观农产品流通体制改革的政策变迁路径，作为资源配置基础性手段的“计划”和“市场”的地位，发生了此消彼长的变化，即计划经济逐步退出，市场经济逐步占据主导地位。

今天的中国，农产品流通环境正经历着前所未有的复杂变化，经济发展、城镇化、结构调整在很大程度上改变了居民的消费习惯，在这样的条件下，涌现出一批如“农超对接”“可追溯销售”等新型销售模式，这些新模式正深

农产品流通的终端

刻地改变着中国的农产品流通市场。

然而，中国传统的城乡经济二元结构和农村基本经营制度造成的小农户分散经营，逐渐成为中国农产品流通现代化的主要障碍。为解决农产品流通的问题，中国政府近年在粮食收储、物流建设、流通模式更新、流通平台建设等多方面加大了扶持力度，力争尽可能地减少农产品流通环节的损失，科学合理地分配农产品。

第一节　粮食存储管理

粮食是一个国家的战略物资，粮食安全关系到国家的经济发展、社会稳定和国防安全。新中国成立后，中国政府高度重视粮食储备，在储粮工作中投入了大量资源和人力，这些储备的粮食在后来稳市、备荒、恤农的过程中，发挥了重要的作用。针对不同时期的不同经济、社会状况，中国政府因地制宜地选择了不同的粮储制度，有效地维护了国家的粮食安全。

新中国成立之后至今的粮储制度变革大致可以分为三个阶段，分别是建国后至 1989 年的国家粮食储备阶段，1990—1999 年的国家专项粮食储备阶段和 2000 年以后的中央储备粮阶段。

一、国家粮食储备阶段——甲字粮，506 战备粮

506 战备粮是 1962 年国务院、中央军委决定建立的，即供 50 万人 6 个月用量的战备粮油储备，代号“506”，由各省、自治区、直辖市根据国家统一计划，确定储备品种、质量、数量、地点。506 粮油实行军政共管，由中央人民政府粮食部、中央军委总后勤部联合下达任务指示，按平战结合原则，由大军区与省级人民政府联合商定。其品种包括大米、面粉、杂粮、食用油、马草等，还有麻袋、油桶、篷布等器材。

506 战备粮是新中国早期国家粮食储备阶段储粮方式的主要代表。新中国成立之后，中国的粮食生产得到迅猛发展，这为国家进行粮食储备提供了客

曾经的粮票

观条件。为了应付灾害和各种意外，当时的中国将 20 亿千克粮食定为“甲字粮”，这是中国最初的粮食储备。1962 年，根据当时对国际政治和军事形势的估计，作为战备需要，中国又建立了 506 粮油战略储备。

同年，中国农村集体储备粮开始建立，并在 1965 年实现制度化，从此基本形成了由甲字粮、506 战备粮和农村集体粮食储备共同组成的国家粮食储备。计划经济条件下的国家粮食储备框架已基本形成，这一框架一直维持到 1990 年。国家储备粮实行的是军政共管，其中国务院具有甲字粮的粮权，中央军委具有 506 战备粮的粮权，而农村集体储备的粮权属集体所有。在国家粮食储备基本框架建立和发展的 30 多年间，经过各级机构的不断努力，国家储备粮基本上达到了预定的规模。国家粮食储备框架的建立和不断发展，缓解了当时粮食紧缺的情况，为人民生活提供了保障，为国家经济建设提供了有力的支持。

二、国家专项粮食储备阶段——米袋子省长负责制

米袋子省长负责制的形成和其相应的政策规范，是与中国的粮食供应状况紧密结合的。20 世纪 90 年代初期，中国的粮食总产量虽然持续上涨，但稻谷生产出现了问题，广东、福建、浙江、江苏等主要稻谷产区的稻谷产量逐年下降，供求关系发生严重失衡。在此背景下，中国政府提出了粮食区域行政首长负责制的办法，即俗称的“米袋子省长负责制”，要求各省行政首长重视粮食生产，确保粮食安全。这项制度主要包含四个方面的内容：稳定生产，增加区域粮食生产总量；稳定粮源，确保粮食定购数量完成；稳定储备，逐步建立粮食储备制度；稳定市场，确保区域间粮食供给。

这项制度的实施对保障中国的粮食供给和促进全国普遍性重视农业的作用十分明显。这突出表现在两方面：一方面，增强了省级行政官员对粮食生产的责任感；另一方面，各级政府在努力提高粮食产量的同时，还注重解决制约粮食生产发展的一些深层次问题，如提高农民收入、加大农业科技投入等。米袋子省长负责制的实施在很长一段时间内，保证了中国的粮食生产，为维护国家稳定、支持经济发展做出了重要贡献。

1995 年，中国开始实行米袋子省长责任制，提出粮食产区要建立 3 个月以上粮食储备量，销区要建立 6 个月粮食储备量的要求，以丰补歉，确保供应。各省纷纷建立了从几亿千克至十几亿千克不等的地方粮食储备。同时，不少地、县级政府也相继建立了粮食储备。到 1996 年年末，全国有 1300 多个分布于 30 个省、自治区、直辖市的主要粮食产区或重点粮食销区的国家粮食储备库被批准命名。这些储备库规模较大，交通相对便利，管理也相对较好。这一举措有利于保障国家储备粮食库存真实可靠，一定程度上灵活了粮储的调度。

三、中央储备粮阶段——储粮于地

2015 年，重庆市启动了 150 万吨储备粮仓库建设项目。该项目规划用地 1000 亩、总投资 30 亿元，将集粮食物流、粮食仓储、粮食加工、市场交易和综合商务五大功能为一体，计划于 2018 年全部建成。2014 年中央大幅提高重庆市地方储备粮规模，导致重庆市本就捉襟见肘的仓容缺口加大。为此，重

储备粮库

庆市政府提出了新增储备粮仓库150万吨的建设任务。该项目建成后，将打通北粮南运铁路物流通道，对保障重庆区域粮食安全起到举足轻重的作用。

重庆正在进行的储备粮仓库建设项目正是党中央藏粮于地精神的体现。为了加强对国家储备粮的管理，推进国有粮食企业的改革，以减轻中央财政负担，中国政府于2000年开始组建中国储备粮管理总公司，专门负责组织中央储备粮的收购、销售、存储和保管等多项业务，并在主产区和主销区组建中央储备粮管理分公司。中储粮总公司垂直管理分公司的人、财、物，其保管和补贴等费用实行定额包干，由财政部直接拨付给中储粮总公司，中储粮总公司通过中国农业发展银行的补贴专户按季拨付分公司，再由分公司及时足额拨给相应的粮食承储企业，财政部与中国农业发展银行对中央储备粮的利息补贴直接进行清算。原国家发展计划委员会和国家粮食局，根据客观需要对中央储备粮实行行政上的管理。

2000年10月，原来由各省粮食局管理的中央储备粮业务全部移交给了中储粮相应地区的分公司。同时，在原有国家直属库和1998年后国家分三批建设的500亿千克中央储备粮库之中，选择符合条件的转变为中储粮总公司的直属库，并由各省分公司直接进行管理。中储粮总公司在全国下设22个分公司和4个子公司，有251个中央直属库。至此，中央储备粮的垂直管理体系初步形成。国家储备粮垂直管理体系必须得到健全和完善，从而确保国家有充足的粮食资源和健全的管理机制进行宏观调控。

四、农户科学储粮工程，藏粮于民

为响应国家科学储粮的号召，2014年11月底，浙江省桐乡市完成了年度农户科学储粮示范工程的全部工作，共向种粮农户推广丰粮仓1369套，已累计推广丰粮仓3440套，实现了丰粮仓在全市每个村镇的全覆盖，有力地促进了桐乡市农户科学储粮工作。

桐乡市自2012年实施农户科学储粮示范工程以来，专门成立了农户储粮专项领导小组，制定了专项工程实施方案，明确了专项条件、职责分工和建设内容等，为丰粮仓推广工作提供了组织保障。在实施过程中，该市粮食部门通过宣传引导、典型示范、现场交流等方式，进村入户宣传推广科学储粮知识和新型储粮装具的好处。

为大力推广使用丰粮仓，推进农户科学储粮工作。桐乡市委托嘉兴市粮食局统一对丰粮仓集中招标采购，对材料材质、施工质量进行监督检查，同时努力做好项目宣传、农户申报、丰粮仓发放及后续配套服务等工作，保证丰粮仓推广工作的顺利实施，使桐乡市农户科学储粮专项工程的推广进度和质量，都处于浙江省领先地位。

桐乡市的丰粮仓单个造价约为500元，项目遵循政府引导、农户自愿、共同出资的原则，由国家财政补贴150元、省政府财政补贴200元、农户自筹150元。该项工程自实施以来，粮食产后减损明显，受到广大种粮农民的欢迎。

桐乡市目前已完成近5000套新型储粮装具的发放，受益农户的粮食损耗率由原来的平均10%下降到2%，下降了8个百分点，每年可为农民减少粮食产后损失400多吨，为农民增收约125万元，相当于打造800亩亩产500千克的“无形良田”。

农户喜领“丰粮仓”

农户科学储粮工程，是中国的粮食部门保障中国粮食安全的重要举措，对改善农户储粮条件，减少粮食产后损失，促进农民增收具有十分重要的意义，是一项惠民工程。

近年来，中国农民家庭储存的粮食每年超过了2500亿千克，约占全国粮食总产量的50%。但由于农户储粮装具简陋，保管技术水平低，受鼠害、虫害和霉变等因素的影响，每年都造成了粮食的大量损失，主产区农户储粮损失的情况尤为突出。据国家粮食局抽样调查显示，全国农户储粮损失率平均为8%左右，每年损失粮食约200亿千克，相当于6160万亩良田的粮食产量。农户储粮的主要粮种中，玉米损失率最高，平均约为11%；稻谷平均损失率约为6.5%；小麦平均损失率约为4.7%。造成损失的主要原因有，鼠害造成的损失约占总损失量的49%，霉变造成的损失约占总损失量的30%，虫害造成的损失约占总损失量的21%。而且，由于农户储粮条件差，科学储粮技术推广不够，造成粮食品质下降严重，甚至有农药、化肥等对储粮造成污染的情况发生，对中国粮食质量安全和食品安全带来很大隐患。

为减少农村粮食产后损失，近年来，国家粮食局采取了一系列措施，积极研发和示范推广农户科学储粮技术。“十一五”期间，国家启动了农户科学储粮专项，中国国家发展改革委员会安排中央补助投资7.06亿元，加上地方政府配套和农民自筹，总投资23.7亿元，共为全国25个省近200万个农户配置了新型储粮装具。该工程主要有三个方面的内容：（1）确定了农户科学储粮的技术路线和仓型标准；（2）进行了大规模的农户新型储粮装具建设推广；（3）形成了比较完善且行之有效的农户科学储粮专项建设管理模式。

实施农户科学储粮专项工程，不仅能够促进农民减损增收，从源头上保证粮食品质，显著改善农户居住环境，而且是实现国家新增500亿千克粮食生产能力规划最直接、最现实、最节省、最快捷的途径，是粮食流通节能减排、节省资源的重要措施。据测算，农户科学储粮工程实施完成后，每年可以减少化肥使用量约7.5万吨，减少农药使用量约1.4万吨，东北地区还将大大减少高水分粮食烘干数量，节省大量的煤、电资源，减少温室气体排放和污染物排放。

第二节　物流建设

一、冷链物流，让新鲜果蔬走向世界

一直以来，由于商贸物流业发展缓慢，加之远离市场中心，新疆优质的农产品时常存在“卖难”问题。为了应对长距离的运输，果农们经常提前采摘瓜果，内地消费者吃到的往往是放熟的瓜果，失去了原有的美味。近年来，由于现代化冷链物流的发展，新疆瓜果、棉花、畜禽等特色农产品及其精深加工产品开始稳步进入国内外市场。

从十几年前每年销售2000吨库尔勒香梨，到目前销售量达到3万吨，并远销美国、加拿大、欧盟、澳大利亚、东南亚等国家和地区，新疆拓普农业股份有限公司的发展，很大程度上得益于他们对冷链物流的超前规划与发

冷链物流系统中的冷库

展。拓普公司主要从事的是产地冷链物流，早在 2000 年，公司就引进意大利先进的气调保鲜技术和设备，解决了香梨的储藏、保鲜技术难题，使香梨的储藏时间长达一年以上，实现了香梨全年销售。

目前，公司已建成现代果品气调保鲜库 6 座，总库容 8.4 万吨。正是由于保鲜库为客户提供了安全、卫生、长期、优质的冷链储藏服务，拓普公司的香梨从 2006 年开始出口美国市场，国际市场正在不断扩大。如今出口产品销售量占公司销售总量的 40%，占有香梨出口国际市场 55%~60% 的份额。拓普公司从 2000 年开始引进气调保鲜库至今，从未出现过库尔勒香梨“卖难”现象。感受到冷链物流给企业带来的长远效益，拓普公司坚定了自己的冷链物流设施建设计划，公司已开始规划在区内外建设 80 万吨气调保鲜库，计划在 2022 年全部完工，并投入使用。

从冷链物流系统受益的不只是企业本身。拓普公司的冷链物流还带动了

采摘新疆库尔勒香梨

库尔勒香梨的种植，其年产量从十几年前的几万吨发展到目前的几十万吨，果农收入更是持续快速增长。

冷链物流，是指冷藏冷冻类食品从生产、贮藏、运输、销售到消费前的各个环节中始终处于规定的低温环境中，以保证食品质量，减少食品损耗的一项系统工程。它是随着科学技术的进步、制冷技术的发展而建立起来的，是以冷冻工艺学为基础、以制冷技术为手段的低温物流技术。

中国的传统物流已经难以满足现代农业发展的需要。据统计，全国每年仅运输途中腐烂变质的水果、蔬菜等食品的价值，就超过了700亿元，造成了巨大的浪费。这一损失正是由于采用不恰当的运输方式所产生的，如能在农产品的运输过程中引入一站式冷链物流服务，就能最大限度地减少其损耗。目前，中国已初步建成农产品冷链物流网络服务体系，使果蔬、肉类、水产品冷链流通率分别提高到20%、30%、36%以上，流通环节产品腐损率分别降到15%、8%、10%以下。

农产品冷链物流有三个主要特点：其一，建设投资大。冷链物流系统庞大复杂，比一般常温物流系统的要求更严格，建设投资要求也更高，是一个庞大的系统工程。其二，具有时效性。由于易腐食品的时效性，冷链物流系统要求每个环节具有高度的组织协调性。其三，高成本。为了确保生鲜果蔬等在流通各环节中始终处于规定的低温条件下，必须安装温控设备，使用冷藏车或低温仓库，采用先进的信息系统等，因此农产品冷链物流的成本要比其他物流系统成本高很多。

二、公益性农产品批发市场

随着中国现代农业的发展和社会主义新农村建设的全面推进，农业生产结构正进行着大规模的战略优化调整，要大力发展高产、优质、高效、生态、安全的农产品，满足市场需要，帮助农民增收，就需要一个与之适应的优质农产品流通渠道体系。要建立优质的农产品流通渠道，关键是要建立一批现代化的与国际接轨的优质农产品批发市场，国家公益性农产品批发市场工程就是为适应当代中国农业发展的要求产生的。

国家公益性农产品批发市场，是以实现优质农产品流通的社会共同利益为开办宗旨的，它以政府投资为主，适当吸收社会资本参与投资，并由政府统一管理。它有八个方面的主要职能：（1）优质农产品集散功能，为大量优质农产品提供一个集中交易平台；（2）优质农产品公开、公正的价格形成功能；（3）优质农产品的供求流通信息采集发布功能；（4）优质农产品的食品安全检验检测的关口功能；（5）优质农产品的标准化生产、流通和消费的引导功能；（6）优质农产品进出口贸易展示和交易的窗口功能；（7）优质农产品初加工和储运物流配送中心功能；（8）对全国农产品批发市场现代化“升级改造”的示范功能。

中国的公益性农产品批发市场还处于起步试点阶段。根据中国的基本状况，中国政府优先选择了山东省作为公益性农产品批发市场工程的试点省份。根据山东省的实际情况，确定在济南、潍坊、临沂、聊城四市开展公益性农产品批发市场建设试点，并分别下达每市 5000 万元，共计 2 亿元的资金投入。

山东省财政改变以往专项资金无偿分配方式，鼓励投融资模式多元化，探索财政资金与社会资本相结合的新方式。通过依托国有资本投资农产品流通运营公司、设立农产品流通产业发展基金、公私合营三种方式扶持公益性农产品批发市场建设。财政资金和收益主要用于支持建设市场加工配送、交易展示、冷链仓储、信息平台、检验检测、废弃物处理、消防安保等基础设施，完善公共服务功能等，通过试点培育一批有实力、辐射范围广、公益性功能强的农产品批发市场，构建全国农产品流通公益性骨干网络。

三、涉农电子商务平台

互联网电商正在悄然改变中国传统农业。在现阶段，困扰农民的难题主要集中在买农资产品贵、卖农副产品难、农民创业渠道少、融资困难等问题上，而“互联网＋农业”模式正是解决这些问题的一剂良药。

2015年5月，点豆农业链电商服务平台上线运营。该平台致力于正品农资产品输入、安全农副产品输出、农村物流、农村金融等农业产业链的整合，以个人电脑、移动应用程序、物联网三网合一推广运营模式服务“三农”。

点豆农业链电商服务平台建立了“一村一站”智慧农业服务站，通过“线上自助下单体验”“线下专有直达配送”的线上线下无缝对接，销售渠道扁平化，实现商品直达，解决农村商品层层加价的现状，有效降低农资产品购买成本。与传统渠道相比，这种模式可帮助农民节省20%以上的农资购买成本。“一村一站”智慧农业服务站，不仅可以服务农户，而且可以解决农村居民创业问题。

点豆农业链电商服务平台包含多方面内容，具体有以下几个方面：

1. 农村商品输入。平台精选具有原材料优势、技术优势的生产厂家进驻平台，使与农业生产、生活相关的商品直达农户。

2. 农村商品输出。通过建设地理标志农产品运营体系，解决农民农副产品卖难的问题，实现特色农产品原产地输出。

3. 农村物流。建设仓储物流中心和配送网络，整合农村物流资源，解决农村物流“最后一千米”难题。

4. 农村金融。为农民提供理财服务、资金互助、小微贷等农村金融服务，解决农民融资难、成本高等难题，全面推进农业发展，助力农村建设。

5. 农民创业。通过农村商品输入、农村商品输出、农村物流、农村金融等平台业务的发展，带动农村居民在家创业，为农民创造良好的发展空间，拓宽农民的增收渠道。

点豆网平台的发展将呈现出三个发展阶段：第一阶段，以山东、新疆、海南三省及周边区域为试点，初期服务1000万用户，年交易额突破100亿元，服务1亿以上农民；第二阶段，普及全国市场，服务用户数量过亿，实现年交易额1000亿元，服务5亿以上农民；第三阶段，建立跨境农业电商平台，整合全球农业资源，真正成为“全球的农业链电商服务平台”。

农产品电子商务，就是利用互联网、多媒体技术等现代信息技术，为农产品的生产经营主体提供在网络平台上完成农产品或服务的购买、销售和网络支付等业务。农产品电子商务通过网络平台，将农业企业、商家、消费者、政府、农民以及物流中心、配送中心、认证中心、金融机构等组织在一起，通过物流、商流、资金流、信息流的流动，完成农产品从信息发布到物流配送等全过程的跟踪服务。即农产品电子商务就是在农产品的生产、销售、加工、运输的整个流通过程中，全面导入电子商务系统，运用电子化的手段来开展与农产品的产前、产中、产后相关的业务活动。

涉农电子商务平台，即为农产品电子商务服务的一个专业化网络平台，它可以让各参与主体发布供求信息，实现农产品产、供、销的电子化进程，将现代的网络技术、信息技术与传统的农产品贸易相结合，提高了效率，降低了成本，促进了农产品的流通，提高了农产品的竞争力，对农民增收和社会经济的发展起到重要作用。

具体而言，通过涉农电子商务平台，在产前，农户可以运用电子商务系统的信息搜寻功能，了解最新的市场动态与市场发展趋势，利用市场信息进行生产决策，同时进行生产资料的购买；在生产过程中，可以及时了解农产品的生产信息，指导生产，并注意市场动向、供求信息与生产的标准化问题。在产后，供求双方可以通过电子商务平台发布供求信息，完成咨询洽谈、网上订购、网络支付、运输配送业务，还可在农产品的整个运输过程中进行实时电子跟踪服务。

基于电子化、信息化的涉农电子商务平台与传统农产品销售平台相比，具有许多明显的优势：（1）运行成本低，它可以实现无纸化办公，同时网络信息传递费用也低于信件、电话等传统传播媒介，节约了通信和人工费用；（2）中间环节少，交易效率高，买卖双方可以通过平台直接联系，减少了交易的中间环节；（3）跨越了时间和空间的局限性，互联网使得世界各地的买卖主体都可以通过网络平台完成交易。

第三节　传统销售模式

一、批发市场，农产品的集散地

北京市新发地农产品批发市场位于北京市丰台区，成立于1988年5月。市场成立之初只是一个占地15亩、管理人员15名、启动资金15万元，连围墙都是铁丝网的小型农贸市场。经过近30年的建设和发展，它已成为北京市交易规模最大的农产品专业批发市场，在全国同类市场中也具有很大的影响力。

北京新发地农产品批发市场现占地面1520亩，总建筑面积近21万平方米，有管理人员1700多名，总资产达40.6亿元。主要经营蔬菜、果品、种子、粮油、肉类、水产、副食、调料、禽蛋、茶叶等农副产品，是一处以蔬菜、果品、肉类批发为龙头的国家级农产品中心批发市场。现有固定摊位5526个、定点客户8000多家，日均车流量3万多辆（次）、客流量5万多人（次）。高峰期日吞吐蔬菜近1200万千克、果品近1500万千克，各类农副产品总成交量为90亿千克，总成交额为302亿元，交易量、交易额均名列全国第一。其中蔬菜、果品两大项的供应量已占全市总需求量的70%以上，是北京市名副其实的“大菜篮子”“大果盘子”。

多年来，北京新发地农产品批发市场本着“让客户发财，求市场发展”的宗旨，严格管理，热情服务，先后获得“全国文明市场”“北京市文明示范市场”“农业产业化国家重点龙头企业”等多种荣誉称号。它在繁荣首都城乡经济、保障市民“菜篮子”供应、带动全国农民增收致富等方面发挥着

凌晨的北京新发地农产品批发市场

北京新发地农产品批发市场的火龙果摊位

非常重要的作用。

专业批发市场销售模式是指通过建立影响力大、辐射能力强的农产品专业批发市场来集中销售农产品，农户可以将自己生产的农产品运到批发市场进行统一销售。这种模式的优势十分明显：一方面，它的销售量大、销售集中，对于季节性很强的农产品而言，是一种十分有效的模式；另一方面，它在一定程度上实现了快速、集中运输，集体储藏、加工和保鲜，解决了农产品分散性的问题。但这种模式也存在着先天性的不足：一方面，农产品经纪人在销售过程中通过赚取差价的方式损害了农民的利益；另一方面，这种模式的信息传播速度较慢，难以准确及时地反映市场供求关系。虽然该模式有这些缺陷，但由于其良好的适应性和较低的门槛，目前是中国农产品销售过程中采用得最为广泛的模式。

二、销售公司，“公司 + 农户”

湖南熙可食品有限公司创办于 1999 年，位于永州市冷水滩区，是一家以加工橘片为主的国家级农业产业化龙头企业，产品主销美国、欧盟、日本、俄罗斯等海外市场。2008 年以来，尽管遭遇全球金融危机，企业仍逆势而上，出口订单不减反增，生产、销售同步增长。尤其是今年上半年，该公司出口创汇 3200 万美元，同比增长 23%，保持了强劲的发展势头。

熙可公司之所以能够在激烈的市场竞争中立于不败之地，关键是始终把质量作为企业发展的根本，把果农作为企业发展的依靠。多年来，公司坚持“得原料者得天下”的发展理念，根据现代农业发展要求，大办原料基地，成功探索出了企业与农民结成紧密利益共同体的“公司 + 农户”的农业产业化经营模式。这不仅保障了企业的生产原料供应，而且促进了农民增收。

熙可公司取得成功的原因在于以下几点：

1. 把基地联农户作为基础工程来抓。永州是柑橘生产大市，每年有 40 多万吨的柑橘产量，但能用于罐头加工的不足 5 万吨，绝大部分达不到加工要求，以往熙可公司每年都出现因原料不足而退掉外商订单的情况。不解决原料问题，公司难以正常发展。近些年来，公司把原料基地建设作为企业发展壮大的核心工程来抓，以农户为依托，通过自建果园租给农户管理、与农户合作建设果园、指导农户建设果园等方式，不断壮大原料基地。

2. 把农户的果园作为第一车间来管理。作为外向型食品加工企业，确保食品质量安全至关重要。2006 年，熙可公司曾因原料农残超标，主动销毁价值 600 万元的产品。此后，公司下决心从源头抓起，坚持把原料基地作为第一生产车间，把果农作为车间工人来管理，严格按照技术标准培管果园，从原料生产环节就做到严格把关，具体做到这样几点：（1）严把种源关，坚持自繁自种；（2）严把技术关，制定完整的技术体系；（3）严把管理关，根据生产技术规程，对全部生产环节实行量化管理；（4）严把标准关，对严格按照标准化要求生产的果农，公司优价优先收购其果品，并给予表彰奖励；（5）对违规操作者，公司除拒收果品外，还收回承租权，解除双方合约。截至 2008 年，公司建立的 15.8 万亩柑橘原料基地，全部通过湖南省农业厅无公害农产品产地认定和产品认证。

3. 把果农视同企业员工来对待。熙可公司在组织推动农业产业化经营中，始终把果农当作公司员工，积极充当果农的“娘家人”和“保护伞”，竭力为其

湖南熙可食品有限公司的柑橘园

生产生活排忧解难，赢得了果农的信赖和支持，密切了公司与果农的合作关系。熙可公司在这方面采取了以下具体措施：（1）资金扶持。公司借鉴孟加拉国移民小银行贷款模式，建立了“公司+专业合作社+农民+银行”四方联保、链式贷款的投入机制。银行对需要贷款的专业果农，由熙可公司担保，将贷款统一划拨到果农所在的合作社的账户，再由合作社根据果农生产经营实际需要分发到户，果农的贷款从交售的柑橘货款中分期偿还。（2）承包扶助。对承包公司果园的农户，前五年免缴租金，第六年达产后，再按每亩100元缴纳租金和管理费。同时考虑产出效能比，每户果农承包面积为30亩~100亩，适度控制规模，做到风险最低、效能最高、效益最好。（3）技术服务。公司聘请了一大批省内外知名专家，建立了一支由16名拥有高级职称的专业技术人员组成的专家服务团，与湖南农大、湖南省农科院、湖南省食品加工研究所等科研院所建立了紧密的合作关系，还定期邀请日本、以色列等外国专家实地指导、培训员工，加强对果农的技术服务。对每个基地都派驻了技术服务小组，形成了涵盖种苗繁育、种植管理、施肥用药、采摘贮藏、保鲜运输等环节的集成化的技术服务体系，对果农进行“点到点”的产前、产中、产后全方位技术指导服务。（4）人文关怀。公司坚持以果农为本的原则，对果农的关心帮助从生产领域延伸到了生活领域。近年来，公司共拿出581万元用于救济救助困难果农。

4. 把农民的利益作为公司的利益来维护。熙可公司推行的“公司+农户”模式之所以成功，很重要的一个原因就是，公司从不牺牲农民的利益换取企业的一时之利，而是通过建立制度来保障农民稳定增收。具体来说有以下几点：（1）以契约保障果农收入。公司与每个承包果农签订了合同，明确了利益分配原则和办法，对果农收入作了具体规定，使果农有明确的收入预期。（2）组建专业合作社维护果农利益。2003年，公司发起成立湖南熙可柑橘协会。2007年，该协会更名为“湖南信亿发柑橘专业合作社”，并在永州市各县、区和部分乡镇建立分社37个。合作社向果农提供统一技术服务、统一农资供应、统一生产贷款、统一认定认证、统一产品销售，提高了果农的组织化程度。（3）制定最低保护价收购柑橘。公司与果农签订产销合同，按照每千克0.8元的最低收购价收购果农的柑橘，市价高于最低收购价时，则随行就市，降低了农民的市场风险。（4）帮助果农增加其他收入。公司支持果农在柑橘挂果前套种西瓜等经济作物，每亩还给予200元补贴，实现以园养园。

熙可公司通过探索“公司+农户”的农业产业化经营模式，实现了农民增收、企业增效的“双赢”目标，获得了经济效益、社会效益“双丰收”，构建了公司与农户之间和谐稳定的利益关系，为企业的长远发展打下了坚实的基础。

销售公司模式，是指通过区域性农产品销售公司，先从农户手中收购产品，然后外销的模式。农户和公司之间的关系可以由契约界定，即在生产之前就明确，农户生产的农产品全部销售给公司，也可以是单纯的买卖关系。这种销售方式在一定程度上解决了“小农户”与“大市场”之间的矛盾，既帮助农户解决了“卖难”的问题，使得农户可以专注于生产，又给公司稳定了产量，让公司可以集中精力做好销售工作。同时，由于公司可以大规模地对农产品进行加工，提高了农产品的附加价值，增加了收益。这种模式当前最大的问题在于农户和公司都有很强的违约倾向，当市场价格高于合同价格时，农户可能违约将农产品拿到市场上销售；当市场价格低于合同价格时，公司又可能拒绝收购农户的农产品。

三、合作社，农民自己的组织

辽宁省朝阳市大庙镇富民食用菌专业合作社成立于2007年6月，是朝阳县第一家注册农民专业合作社。该合作社以“让更多的人从事食用菌生产，早日脱贫致富；在农村产业结构调整中形成良好的产业格局，使农民增收，发挥专业合作组织更大的作用”为发展理念。合作社社员从购买菌种到生产技术，直至产品出售，都不用操心。因为“六统一”服务做得好，富民食用菌专业合作社很受农户的欢迎，其“联合舰队”也越造越大。2012年，该合作社被农业部授予“全国首批600强国家级示范社”称号。

在生产经营上，富民食用菌专业合作社对栽培管理、生产平菇专用料等都作出了详细规定，要求社员严格按照无公害、绿色、有机农产品进行标准化生产。合作方式主要采取了“六统一”模式，即由合作社统一为社员采购菌种，统一使用合作社自己生产的专用增效料，统一对合作社成员和菇农开展技术培训，统一按生产操作规程和技术要点进行生产，统一回收合作社成员产品，统一按注册商标进行包装、销售。

2007 年至今，富民食用菌专业合作社以朝阳县大庙镇为中心，辐射周边乡镇，带动了朝阳县乃至朝阳市食用菌产业的发展。截至 2014 年年底，已经累计带动 580 户贫困户脱贫。现如今，合作社社员遍布全市 7 个县、市、区，发展社员 1250 多人，非社员食用菌从业人员 1200 多人，年产鲜菇 3 万多吨。生产基地已经成为“国家级农业标准化示范区”。该合作社生产的产品被国家绿色发展中心检测后评定为“绿色食品”，这也是 2008 年朝阳市唯一的“奥运食用菌”“辽宁省名牌农产品”。“古果”牌食用菌商标为朝阳市著名商标，大庙镇被辽宁省政府授予“食用菌之乡”称号。

基于食用菌在大庙镇良好的发展势头，大庙镇党委、政府对于未来的食用菌发展也有了新的设想。首先，将废旧的千余栋大棚重新利用作为食用菌棚，科学管理，专业化生产，实现平菇年产量达到 1500 万千克。然后，利用“两退”工程，在林下裸地大量生产黑木耳，实现年产量达到 900 万千克。政府将制定相关政策辅助食用菌产业的发展，争取获得更好的成效，计划用 3 年时间把该镇打造成食用菌专业生产强镇，建成长江以北最大的食用菌生产

食用菌生产基地

基地，将食用菌产业打造成农民增收的新亮点，使全镇年人均纯收入增加5000元。

合作社销售模式是指通过综合性或区域性的社区合作组织，如流通联合体、贩运合作社、专业协会等合作组织销售农产品。农户加入合作组织之后，在销售时就可以与其他也加入了合作社的农户进行统一销售，提高了销售议价能力，降低了交易风险。合作组织为农民销售农产品，一般不采取买断再销售的方式，而是主要采取委托销售的方式。所需费用，通过提取佣金和手续费解决。

合作社销售模式的优势与销售公司模式较为相似，不同之处在于合作社的组织形式较为松散，对社员缺乏约束力，因此也难以进行标准高度统一的销售行为。合作社模式的缺陷在于农民参与合作社纯属自愿，自主意识不强，而且合作社组织松散，缺乏动力和资金，很难有效地开拓市场。

四、农产品经纪人，农村的“能人”

郑康是江苏省镇江市的一名普通农民，他还有另一个身份——景观树经纪人。他在当地承包了25亩地，种了1000多棵桂花树、400多株红叶石楠以及一些景观树，另外有5亩葡萄园，还建了一个小型的木材加工厂。得益于多年的人脉积累，郑康从来没有为这么多的农产品和园林植物的销路烦恼过。不仅如此，他还积极为周边种养殖户的农产品寻找合适的销路，于是，大家给了他一个“农产品经纪人”的称呼。

郑康做农产品经纪人是“双向”的，他不仅为周边农户的农产品找销路，还将其他地区的一些好的农产品介绍到本地来。以当地的葡萄为例，每年葡萄尚未成熟时，镇上已有许多收购商找他订货。他家那5亩葡萄远远不够，周边农户种的葡萄也不够，他每年都要从周边镇的农户手中调一些葡萄来，以满足收购商的需求。园林植物方面，他不仅销售自己家种植的景观树，还为周边村农户的苗木销售“牵线搭桥”，粗略估计已经有价值200万元的苗木从他手上销出去。

农产品经纪人，是指从事农产品收购、储运、销售以及信息传递、服务等中介活动而获取佣金或利润的经纪组织和个人。在中国改革开放的大潮中，农村涌现了许多靠贩运和销售农产品发家致富的“能人”。这些人积累了一定的资本和销售经验之后，开始在农村收购农产品，然后销往全国各地，也有的直接联系外地客商来产地直接收购。这种模式有两大优点：（1）适应性强，能够适应各种农产品的销售；（2）稳定性好，可以使农户和销售商之间维持稳定的合同关系。但由于农产品经纪人个人能力有限，缺乏市场经济知识，在天气、运输、行情等因素共同影响下，农产品经纪人面临着较大的风险，难以长期稳定盈利。

五、农户直销，最传统的方式

农户直销模式，是指农户将自己生产的农产品通过自家人力、物力运往周边地区销售的模式，这是中国几千年来最为传统的农产品销售模式，虽然已经逐渐难以适应农业现代化的发展，但目前仍然有为数不少的农户采用这种模式。

农户直销模式的优点在于销售灵活，农户可以根据本地区销售情况和周边地区市场行情，自行组织销售。这样既有利于本地区农产品及时售出，又有利于满足周边地区人民生活的需要。同时，农户也更容易获得高利润，农户自行销售回避了经纪人、中间商、零售商，能使农民获得实实在在的利益。但这种模式销量小，难以形成规模；销量也不稳定，短期内可能出现某地区供大于求、价格下跌的状况，损害农民利益。

第四节　新型运销模式

一、农超对接，产品直销千万家

农超对接模式是近年来在中国快速发展的一种新型农产品运销模式，它是指超市直接向生产者采购农产品，或者生产者直接将其生产的农产品销售给超市的一种产销模式。超市和农户双方通过直接对接，以便于实现减少中间环节、降低交易成本、提高流通效率、保证产品质量、促进农民增收、稳定交易关系等目的。

家乐福农产品“农超对接”卖场

2007年，家乐福启动了农超对接项目。从2008年开始，家乐福食品安全基金会每月在一个省举办一次农超对接培训班。农超对接依据采购半径的不同，设计了两个采购系统，即全国农超对接采购部门和地区农超对接采购部门。前者主要采购水果和适合长距离运输的蔬菜，比如苹果、梨、橙子、干果、马铃薯和反季节蔬菜等；后者则重点采购城市周边的蔬菜和当地名优水果。

家乐福近年来大力推广农超对接项目，已与全国27个省市，超过300家的农民合作社建立了合作关系。截至2016年，上海和北京的家乐福卖场的农民直采产品，占生鲜采购的比例已经先后突破50%，家乐福在全国其他城市的门店也将以北京、上海的门店业绩为目标，加大农超对接项目的推广。

此外，为了帮助农民合作社开拓销售渠道，家乐福集团目前已开始布局落子，计划将中国农民直供产品纳入跨国采购业务，把更多的中国农产品推向国际市场。

华润万家的农超对接模式为“超市＋基地”的供应链模式，直接与农产品产地的农民专业合作社对接，产品涉及蔬菜、水果、禽蛋、肉类等各

华润万家的蔬菜定点种植基地

种城市居民生活必需的鲜活农产品。据统计，华润万家的直采比例目前逾70%。不仅如此，2015年华润万家还在天津市北辰区大张庄镇投资1.2亿元，建立了配送能力可达每天10万箱的现代化农产品配送中心。

目前，华润万家在全国的农产品基地数量达到了60个，基地分布在16个省的210个市县，基地总占地面积为6万多亩，总计品种100个，促进了约9万农户持续稳定增收15%。

农超对接模式切实帮助了当地农户解决了销售渠道少、产销信息平台不完善的问题，让农户专注于种植环节，通过多采用施农家肥、低限使用农药、疏花疏果、滴灌等措施，提高蔬果的安全性，提供给消费者多产品群、多价格带、多包装、多体验的产品，同时也提高了其自有品牌“润之家”的影响力。

麦德龙主要通过麦哲达农业信息咨询公司实现农超对接，从“教农民怎么种田，怎么包装蔬菜”这些最基本的问题入手，保证农产品从基地、农场、加工、物流到销售的安全性，建立鲜活农产品质量可追溯体系。目前，麦德龙卖场农超对接的蔬菜占大卖场蔬菜销量的30%左右。

麦德龙农产品基地创立了全新的供应链。由麦德龙提出科学的标准化生产流程，引入农技咨询公司指导企业、农民养殖、种植，委托第三方机构对农产品质量进行检测，最后通过麦德龙平台销售。为此，麦德龙还在中国投资设立了首家专门从事农技指导、咨询和培训的麦哲达农业信息咨询公司，向合作企业和农民提供生产、加工、包装、物流及市场运作全方位的专业培训与咨询，实现“农场到餐桌”的全过程产品质量控制及可追溯。

麦德龙还与合肥市政府签署合作协议，在合肥试点打造新型农产品基地模式。合肥生产基地生产的天然、安全、质量可追溯的农副产品自2007年12月起，陆续进入麦德龙在华东区的11家卖场。目前已有童子鸡、猪肉、西瓜、草莓等15种严格遵循全球良好规范标准生产的农副产品。

农超对接模式之所以有生命力，是因为它与传统运销模式相比有三个方面的优势：

1. 可以减少流通环节，降低交易成本。农户与超市之间直接对接，大大减少了中间环节，节约了生产者与终端销售商在合作伙伴搜寻、信息获取、议价、多次决策上的成本，避免了层层加价导致的价格上升，也免去了对诸多中间环节交易农产品的检测，最大限度地避免了不确定性的影响，从而最终降低了交易费用。

2. 有利于稳定市场价格，给农民与消费者以实惠。农超对接模式减少了大量的中间交易环节，避免了农产品利润过多地被中间商获取，有利于提高农民和消费者的福利；同时，由于超市与农户多为长期稳定的契约关系，因此也有利于价格的稳定和产品质量的保障。

3. 有利于提高农产品品质，确保消费安全。超市与农户一般存在长期的合同关系，农户为了维持稳定的合作，会更加注重农产品的品质，这有利于确保农产品质量安全。

二、移动商务，巧用移动互联利双赢

有种网创建于2010年，隶属于国家农业产业化重点龙头企业和深圳市蔬菜批发协会会长单位——深圳市果菜贸易有限公司。它是一个专为批发商户提供一站式农产品智慧营销解决方案的信息技术服务运营商，服务农产品上下游端，致力于在移动互联网新时代依靠创新模式成为中国农产品流通领域的整合者和领导者。

有种网农产品移动营销平台基于最流行、最快捷、最轻便的微信服务平台开发而成，功能包括微信商城、客户关系管理、客户行为分析、客服管理、营销推广管理、商品管理、订单管理、分销管控系统、库存管理、财务管理等功能模块，为农产品行业提供最优质的企业服务体验，以及最大收益的移动互联网推广营销平台。有种网将依托农产品移动营销和滇东高原农产品供求两大平台，以及深耕于全国的海吉星实体批发市场的体验店，创造农产品 O2O（从线上到线下）快速流通模式：从农业园生产管控服务到电商智能化配送，只需登陆有种网微信服务平台，便能享受农产品从生产到销售的“一条龙”服务，也能购买品尝到产自云南高原的樱桃、榴莲、芒果等系列特色果蔬。

长期以来，农产品批发商的作业方式都是基地、市场两头跑。现在这一情况正在改变，随着有种网的上线及其 O2O 体验店的开业，批发商可以在体验店里看到基地的实物产品，这样既能体验到现实中的产品，又能通过有种网移动营销平台“走进”基地，全方位实景考察基地，然后可以通过有种网移动营销商城直接在基地的商城里面下单。有种网可以帮忙联系物流，并指导种植户包装。

为了保证农产品的新鲜，有种网和星联国际物流合作，通过网络化物流节点建设，全程可监控运输车辆的温度，不仅降低了物流费用，而且真正做到了新鲜可追溯。海吉星批发市场设立的每个有种网体验店，不仅帮助原产地发布蔬菜、水果的上市信息，而且和全国各地海吉星批发市场之间组织有效的物流、商流和信息流的交叉互动，实现农副产品提前网上预订，直供各地。

有种网上线后，立即在深圳乃至全国农产品电子营销领域产生巨大反响，并吸引了一批农产品批发商、采购商入驻。作为全国首家专注于农产品行业智慧营销解决方案的服务商，有种网顺应“互联网+”时代的发展大势，创造了一种很接地气的农产品 O2O 移动营销模式。

农产品电子商务模式是中国近年来基于互联网新兴的农产品运销模式，目前主要有四种模式，分别是 O2O（从线上到线下）模式、C2C（个人对个人）

“电商蔬菜”小木屋

模式、B2C（企业对个人）模式和B2B（企业对企业）模式。

O2O模式是一种线上和线下一同运营的模式。根据中国当前的农产品行业基本特征和农产品电子商务发展的阶段，超市和较大的农贸市场较多使用这种电商运营模式。考虑到农产品消费者和生产者的特点，线上交易线下消费体验的运营模式是比较切合实际的。这种模式的特点是线上线下相结合，运营灵活，适合农产品生产者和消费者都很零散的特点。

C2C模式是个人对个人的运营模式，一般需要中间交易平台作为保障系统。这种运营模式比较适合农户素质较高的地区，如家庭特殊无公害农产品的小规模农户电商运营。采用这类电商运营的农户一般在距离省、市较近的城乡结合部，否则运营成本比较高。这种运营模式需要有比较健全的监管和法律作保障。由于个人对个人规模小，无论是生产者还是消费者都有第三方监管的诉求，但中国这方面的法律制度还不够完善，因此这种模式的发展目前也受到制约。

B2C模式是企业对个人的模式，也是目前运用最多的农产品电商模式，比较适合于保质期相对较长、具有地理标志和区域品牌特征的蔬果类生鲜农产品。这一运营模式可以实现大批量的保质期比较长的蔬果类生鲜农产品的销售需求，可以完善传统的储存、运输、包装、流通、加工等服务。

B2B 模式是企业间的电商运营模式，这种模式可以让企业、中介有较好的沟通渠道，适合大型农产品的国际贸易和配送。

三、直营店，高端产品新模式

上海丝路果农专卖店是一家专门销售新疆昌吉农产品的直营店，地处上海市松江区新松江路上。该店主要销售的特色农产品有玛纳斯县的银山药、黑土豆、姬松茸、雪菊、胡麻籽油、营养麦仁、营养玉米面、营养糙米、塔河野菇、雪米、红花浓缩酱油、富士苹果，吉木萨尔县的糯玉米，木垒县的鹰嘴豆，昌吉市的巴旦木圣乳、番茄红素等。这些农产品都是从昌吉直接运到上海的直营店中，以最少的手续、最快的速度保证了农产品的新鲜和健康，深

上海“丝路果农”专卖店

受上海市民的欢迎。

丝路果农专卖店的农产品价格从每千克 14 元到 780 元不等，略高于普通市场和超市农产品的价格，但上海普通市民还可以接受。该店还专门在包装上下了功夫，积极迎合上海市民的消费习惯。目前该店每天的销售额都在 6000 元以上，月销售额接近 20 万元，为新疆昌吉农民的增收做出了巨大的贡献。

直营店模式是指大型农产品生产企业将自己生产的农产品不经过批发市场，直接运到农产品直营店进行销售的模式。这样的模式有利于推进农产品品牌化、高端化，但其高昂的运营成本，使得只有少数大型农业企业有能力采用该模式。

直营店模式的优势非常明显：可以减少销售的中间环节，提高企业利润和消费者福利；可以缩短运销时间，充分保证农产品新鲜程度；有利于打造农产品品牌，保障农产品质量，提高销售价格。该模式也有其缺陷：前期建立销售网点需要大量的资金投入，小型农业生产者难以承受如此高昂的前期成本；农产品的种植、运输、销售整体是一个非常复杂的过程，任何一个环节出错都将导致企业亏损，因此具有较大的管理风险；由于农产品的季节性，一年之中只有部分月份有应季农产品出售，容易造成店面闲置，资源浪费。

生态篇

资源节约，环境友好

导 语

新中国成立以来，中国经济取得了飞速发展，支撑中国经济腾飞的主要动力是中国工业的发展。在短短60多年间，中国实现了重工业从无到有、从有到强的根本性变化，成绩令世界瞩目。然而中国也为工业的起飞付出了沉重的代价，生态环境就是工业的牺牲品之一。近年来，中国的生态环境问题越发严重，土壤、水、大气污染严重，自然灾害频繁发生，动植物种类锐减，一系列问题给中国的生态环境敲响了警钟，让中国政府和社会更加深刻地意识到，改善和保护我们的生态环境刻不容缓。

湿地生态

中国真正开始认真考虑环境问题是20世纪70年代之后的事。1973年8月，国务院召开第一次全国环境保护会议，提出了环保工作的方针，这是中国政府第一次真正意义上开始对生态环境进行治理；党的十一届三中全会后，中国的环境保护逐步步入正轨；1983年正式把保护环境确立为国策；1988年设立国家环境保护局，地方政府也陆续成立环境保护机构；随后，以1979年颁布试行、1989年正式实施的《环境保护法》为代表的环境法规体系初步建立，为开展环境治理奠定了法治基础。

进入新世纪，中国政府进一步强调良好生态环境的重要作用，把主要污染物减排作为经济社会发展的约束性指标，完善环境法制和经济政策，强化重点流域、重点区域、重点行业的污染防治，提高环境执法监管能力，积极开展国际环境交流与合作。党的十八大之后，生态文明建设被纳入中国特色社会主义事业的总体布局，这是具有里程碑意义的科学论断和战略抉择，标志着党对中国特色社会主义规律认识的进一步深化，昭示着要从建设生态文明的战略高度来认识和解决中国的环境问题。

在这一观念的引领下，中国政府采取了一系列措施保护中国的生态环境，如退耕还林、退耕还湿、测土配方施肥等，这些措施有效地遏制了中国环境的进一步恶化，让中国的生态开始朝着好的方向转变。但由于长时间的破坏，中国生态环境的形势依然严峻，中国生态环境的治理任重而道远。

第一节　农业生态问题

中国是传统农业大国，由于农业的发展，中国生态环境的破坏由来已久，主要表现在森林、草地等自然资源减少，水土流失加速，水旱灾害频繁等。新中国成立后，为发展现代农业，中国政府非常重视农业生态环境的保护工作，不断健全生态环境保护法律法规，并开始建立自然保护区。但是，到20世纪70年代，随着工业发展和农业集约化程度的提高，各种污染物的排放量持续增加，环境破坏再次呈现出不断加剧的趋势，农业生态环境和农业可持续发展面临着新的严峻形势。

一、农业资源锐减

自然资源是农业生态系统的基础和核心。目前，中国的农业自然资源严重短缺，这已成为制约中国农村经济发展的瓶颈之一。

（一）耕地资源减少

由于在农业发展过程中，长期缺乏对农业资源保护的足够重视，致使中国的耕地资源总量呈现不断减少的趋势，人均占有耕地面积急剧下降。据统计，中国当前耕地面积超过 1 亿亩的省份只有 5 个，人均耕地只有 1.38 亩，不足世界人均水平的 40%，约相当于美国的 1/8、印度的 1/2。不仅如此，随着中国工业化、城镇化步伐的加快，非农业建设用地大幅度增加，农村的耕地面积还有可能进一步减少。

农民占用耕地建住宅

（二）水资源短缺

中国是全球 13 个人均水资源最贫乏的国家之一，人均水资源只有 2200 立方米，约为世界人均水平的 1/4、美国的 1/5。在农业生产中，突出的问题就是农业灌溉用水不足。据测算，中国干旱缺水地区占国土面积的 72%，单位耕地面积的水资源量 1440 立方米，仅为世界平均水平的 67%，单位灌溉面积的水资源量仅为世界平均水平的 19%。农田有效灌溉面积自 1975 年以来一直维持在 0.47 亿 ~0.52 亿公顷，有效灌溉面积中尚有 0.07 亿公顷得不到灌溉。不仅如此，中国当前的水污染还十分严重，全国 75% 以上的湖泊富营养化加剧。水质的恶化使已经紧缺的水资源可利用量下降，加剧了水资源的紧缺程度。

水资源被污染

（三）森林生态环境薄弱

由于长期破坏，中国已逐步成为少林的国家。据第五次全国森林资源调查结果显示，中国目前林业用地面积 26329.5 万公顷，森林面积 15894.1 万公顷，森林覆盖率 16.55%，相当于世界平均水平的 61%，比世界平均水平低 10.48 个百分点；活立木总蓄积量 124.9 亿立方米，森林蓄积量 112.7 亿立方米。全国人均占有森林面积 0.128 公顷，约相当于世界人均面积的 1/5；人均蓄积量 9.048 立方米，约为世界人均蓄积量的 1/8。除此之外，森林生态功能也在下降。人工林层次少，生态系统结构简单，生态功能和质量与天然林有着明显的差距。长期以来，天然林被人工林大量取代已导致了水土流失、荒漠化加剧、水资源短缺等一系列生态环境恶化的后果。

大面积森林遭到砍伐

（四）草地资源退化严重

中国是草地资源大国，拥有草地近 4 亿公顷，约占国土面积的 40%，居世界第二位。但中国人均占有草地面积仅 0.33 公顷，为世界人均草地面积的一半。由于超强度开发，包括开垦天然草场和长期超载过牧，草原生态系统遭到了严重破坏，草地“三化”（退化、沙化和盐碱化）不断蔓延，草地退化面积不断扩大，天然草地的面积逐步减少。目前，中国 90% 的草地不同程度

呼伦贝尔大草原草地退化

退化，其中中度退化以上草地面积已占半数以上。全国“三化”草地面积已达1.35亿公顷，占草地总面积的1/3，并且每年还以200万公顷的速度在增加，草地生态环境形势十分严峻。

（五）生物多样性的减少

生物多样性包括基因多样性、物种多样性和生态系统多样性等三部分内容。中国横跨温带、寒温带、亚热带等多个温度带，拥有包括高山、丘陵、湖泊、森林、海洋等众多的生态类型，孕育了各种生态类型中的大量物种，是世界上生物多样性最丰富的国家之一，物种约占世界总数的10%，生态系统多样性和遗传多样性都居世界前列。但是，由于生态环境的破坏和对野生动植物的滥捕滥猎，加剧了生物消亡的速度，中国的生物多样性正面临着严重威胁。专家估计，中国3万种高等植物中至少有3000种处于濒危境地；裸子植物濒危和受威胁的有63种，极危的有14种，灭绝的有1种；脊椎动物受威胁的有433种，灭绝和可能灭绝的有10种。中国被列入世界濒危动物“红皮书”的物种数共有123种，列为国家保护名录中的一、二级保护动物有277种。

二、生态破坏

生态破坏是指人类不合理地开发、利用自然资源和兴建工程项目而引起的生态环境的退化及由此而衍生的有关环境效应，从而对人类的生存环境产生不利影响的现象。

（一）水土流失

由于特殊的自然地理和社会经济条件，加之不合理的开发利用，目前水土流失已成为中国头号生态环境问题。据全国第二次遥感调查显示，全国现有水土流失面积356万平方千米，水土流失面积大、分布广、强度烈、危害重、治理难。严重的水土流失直接威胁着国家生态安全、粮食安全、防洪安全，甚至直接威胁到中华民族的生存安全，已成为经济社会可持续发展的重要制约因素。据估算，中国因土壤侵蚀造成的经济损失每年在100亿元以上。

土壤流失严重是中国水土流失的一大特点。由于水土流失，中国每年流失的土壤总量达50亿吨，占世界年流失量的19.2%。土壤流失引起的耕地损失已开始影响到粮食安全。据统计，中国现有严重水土流失县646个，这些

太湖地区水土流失严重

地区都有很大比例的耕地面积，面临失去生产能力的危险。近 50 年来，中国每年因水土流失而损失的耕地逾 5000 万亩。

（二）土壤荒漠化和沙化

中国是受荒漠化危害最严重的国家之一，截至 2016 年 6 月，中国仍有荒漠化土地面积 261.16 万平方千米，占国土面积的 27.2%；沙化土地面积 172.12 万平方千米，占国土面积的 17.9%。尽管经过多年治理，中国的荒漠化、沙化面积已经出现缩小趋势，但是由于生态体系的脆弱性，治理后的沙区生态系统远未达到稳定状态，还有出现逆转的可能。一些土地仍存在沙化、荒漠化的危险，全国具有明显沙化趋势的土地 31.9 万平方千米，占国土面积的 3.32%。面对近 50 多万平方千米可治理的沙化土地和近 32 万平方千米的有明显沙化趋势的土地，中国的治理和保护任务还十分艰巨。

沙漠化的土地

（三）土壤盐碱化

土壤盐碱化是指土壤含盐量太高，而使农作物低产或不能生长。目前，中国盐渍土地总面积 14.87 亿亩，全国受盐碱化危害的耕地达 1.4 亿亩，其中西北内陆地区盐碱化耕地面积占耕地总面积的 15%。在中国的盐碱耕地中，大约 73% 属轻度盐碱化，对农业生产影响不严重，其余为中强度盐碱化，对农业生产影响较大。由于中国盐碱地大部分分布于干旱、半干旱和半湿润地区，这些地区地处自然生态环境脆弱带，具有向有利和不利方向发展的两种趋势。因此，如果能够有效遏制土地盐碱化发展势头，这些地区的农业生态系统的潜力必将得到有效释放。土地盐碱化治理和预防对农业生态系统退化防治、生态环境保护和未来食物安全性具有非常重要的意义。

大片土壤盐碱化

（四）酸雨

酸雨是指 PH 值小于 5.6 的酸性降雨，酸雨主要是人为地向大气中排放大量酸性物质造成的。中国的酸雨主要是因大量燃烧含硫量高的煤而形成的，此外，各种机动车排放的尾气也是形成酸雨的重要原因。中国酸雨较严重的地区主要在华中、华南、西南及华东地区，北方只有局部地区出现过酸雨。酸雨因其腐蚀性，会对农作物、农田土壤、农业灌溉水造成不可逆转的危害。

酸雨破坏后的树林

（五）赤潮

赤潮是海洋生态系统中的一种异常现象，它是由海藻家族中的赤潮藻在特定环境条件下爆发性地增殖造成的。实践证明，赤潮的发生会给近海渔业带来不可估量的损失，同时给人类健康带来很大危害。赤潮发生后，大量赤潮生物集聚于鱼类的鳃部，使鱼类因缺氧而窒息死亡；赤潮生物死亡后，藻体在分解过程中大量消耗水中的溶解氧，导致鱼类及其他海洋生物因缺氧死亡，同时还会释放出大量有害气体和毒素，严重污染海洋环境，使海洋的正常生态系统遭到严重的破坏；鱼类也会因吞食大量有毒藻类而死亡。2015年，中国沿岸海域共发现赤潮 35 次，累计面积 2809 平方千米，造成直接经济损失近 10 亿元。赤潮发生次数较多的有浙江、辽宁、广东、河北、福建

中国渤海的赤潮

等省的海域。

三、农业环境污染

随着中国农业和工业的发展，越来越多的污染物排向农村，使得中国农村的环境越发恶劣。农业环境污染的原因除了工业和城市污染向农村的转移以外，还有农业自身的生产活动产生的污染和农村生活垃圾污染。

（一）工业“三废”和城市垃圾污染

随着中国工业化步伐的加快，工业“三废”（废水、废渣、废气）已成为农业生态环境污染的重要原因。大量未经处理或处理后未达标的工业“三废”进入农业环境，造成农村土地、水源、大气的严重污染。据统计，目前中国工业“三废”污染农田已达 0.1 亿公顷，比 1983 年增加了 2.5 倍，约有 15% 的农田受到不同程度的污染。同时，城市化带来的生活垃圾污染，也成为农村生态环境的又一污染源。大量未经处理的垃圾运到农村，因固体废物堆存而被占用和毁损的农田面积已超过 13.3 万公顷。

（二）农用化学品污染

随着工业发展和农业集约化程度的提高，农药、化肥、农膜、兽药等农用化学物质在农业生产中被大量使用，在大幅提高农业产量和农民收入的同时，农用化学品环境污染问题也开始凸显。由于缺乏必要的管理制度和科学技术指导等原因，种植业中过量、不当使用农业化学品，畜禽水产类滥用激素、疫苗。目前中国化肥平均利用率只有 30%~50%，农药的利用率也仅为 30% 左右，其结果不仅造成巨大的资源浪费和经济负担，而且带来农业环境和农产品中的大量化学残留和污染，对土壤、水、生物、大气及人体健康都产生了严重危害。

（三）农业废弃物污染

规模化畜禽及水产养殖业废弃物对农村环境的污染很严重。每年大量未经

黄河北岸工业污水随意排放

处理的禽畜粪便被随意排放，极易导致氮、磷流失，造成水体污染，这也是造成江河、湖泊、水库富营养化的主要原因之一。据调查，养殖一头牛产生并排放的污水超过22个人生活产生的污水，养殖一头猪产生的污水相当于7个人生活产生的污水。另外，在集约化水产养殖过程中，由于大量投喂外源性饵料、肥料，导致排泄物增加，也会导致水中氮、磷含量增加，水体透明度下降，底质污染严重，水体富营养化加重。与此同时，农作物秸秆处理不当也会造成大气污染。作物秸秆占作物生物量的50%，是最能直接利用的再生有机资源。由于农村已经广泛使用燃煤作为生活能源，农民往往采用焚烧的方式处理秸秆，不仅浪费了资源，而且严重污染了大气环境。

（四）农村生活污水和垃圾污染

随着经济的发展，农村人口的居住由分散趋向集中，生活污水和垃圾对环境造成的污染也逐渐凸现起来。但由于资金、技术有限以及其他原因，村镇生活废弃物处理厂的建设及容量都不能满足实际需要。全国农村每年产生生活污水80多亿吨，基本上未经无害化处理，许多生活污水都是直接排放到河流湖泊中，农村大部分地区河、湖等水体普遍受到污染，饮用水水质安全受到严重威胁。同时，生活垃圾未经处理，散发的废气和造成的污染，影响农村地区的环境卫生，极易导致一些流行性疾病的发生与传播。据估算，农村环境问题每年造成的经济损失已超过千亿元。

四、自然灾害频繁

农业生态环境的破坏，还反映在自然灾害发生频率加快上。20世纪50年代以来，中国农业遭受各种自然灾害的总面积和总损失不断增加。如每年受灾面积在20世纪50年代为1000万~2000万公顷，20世纪70年代为2000万~3000万公顷，20世纪90年代为3000万~5000万公顷，有愈演愈烈之势。据统计，目前自然灾害每年给中国造成1000亿元以上的经济损失，受害人口2亿多人次，其中农民是最大的受害者。

惠州发生的洪水灾害

五、环境恶化的原因

中国农业生态环境恶化严重，其原因十分复杂，有自然的因素，也有人为的因素。

（一）人口增长超过了自然的承载力

中国以世界 7% 的耕地面积，养活了世界 22% 的人口，从这两个相对数的差异可清楚地看出中国人地关系的紧张程度。近年来，中国人口增长率虽然在下降，但是人口总量仍保持增长趋势，同时耕地面积持续减少。这种人口与耕地的反方向变动，必然导致土地资源的长期供给不足，带来粮食及土地资源的双重危机。面对不断增长的农产品需求，过度开发利用农业环境资源将不可避免。与此同时，农村人口的过快增长还带来另一个问题，就是农业劳动力过剩和转移。受经济整体发展阶段滞后的制约，目前农村劳动力的转移还处于较为缓慢和不稳定状态。在此背景下，大量的农村劳动力闲置性地滞留于农村，他们为了平衡与非农产业劳动力的收益，必然对有限的农业资源进行掠夺式的利用，结果会进一步加重资源破坏和环境污染的程度。

（二）农民行为的不理性

随着时代的发展，人们对自然环境的功能和价值逐渐有了更深的了解，逐渐意识到自然资源并非取之不尽用之不竭的，过度开发自然资源会受到自然的惩罚。但出于生存和发展的需要以及受经济条件的约束，人们有时也会不得不采用以毁坏资源环境为代价的经济增长模式。这一点在贫困地区表现得尤为明显。在一些贫困地区，经济发展停滞不前，工业化程度低，而人口又在不断增加，对粮食、淡水等必需资源的需求日益增加，如果得不到外援，他们必然依赖现有资源环境，采取破坏性的生产方式，求得生存所需的必需品，最终导致经济与资源环境相互促退。

（三）农业生产的破坏

农业生产作为人类经济活动的重要组成部分，在满足了人们对于食物的需求之外，也会对自然环境造成压力。例如生产中废弃污染物的排泄、农业化学品的残留、过度开垦土地造成的土地沙化、毁林造田造成森林覆盖率下降、围湖造田导致湖泊消失等。随着工业化的发展，农民有了更强的能力进行农业生产，他们对环境造成的压力也比任何时候都要大。

（四）环保目标缺失

新中国成立后，迫于当时的国内外环境，中国政府一直把粮食生产和粮食安全作为农业政策的核心。在相当长的时期里，采取的是“以粮为纲”的农业产业政策，在此背景下，生态目标只能让位于粮食安全目标。虽然后来逐渐开始治理环境、遏制污染，但环保部门的工作重心一直放在治理工业污染和生活污染上，对于农业集约化生产方式带来的农业面源污染重视不够，既没有系统的法律法规，也缺乏相应的管理手段，致使农业生态环境恶化的趋势难以有效地遏制。

第二节　面源污染治理

农业面源污染，是指在农业生产活动中，农田中的泥沙、营养盐、农药及其他污染物，在降水或灌溉过程中，通过农田地表径流、壤中流、农田排水和地下渗漏，进入水体而形成的面源污染。这些污染物主要来源于农田施肥、农药、畜禽及水产养殖和农村居民。

一、测土配方施肥，保证对症下药

云南省玉溪市的江川县自2008年开始大面积推广测土配方施肥，5年间推广测土配方施肥面积160多万亩。江川县测土配方施肥以水稻、苞谷、烤烟、蔬菜四种作物为主，5年累计减少不合理施用氮肥600多万千克，减少不合理施用磷肥60多万千克，平衡增施钾肥160多万千克，增加产量3亿多千克，增加纯收益3亿多元。

实施测土配方施肥技术，减少了养分流失，改善了土壤理化性状，培肥

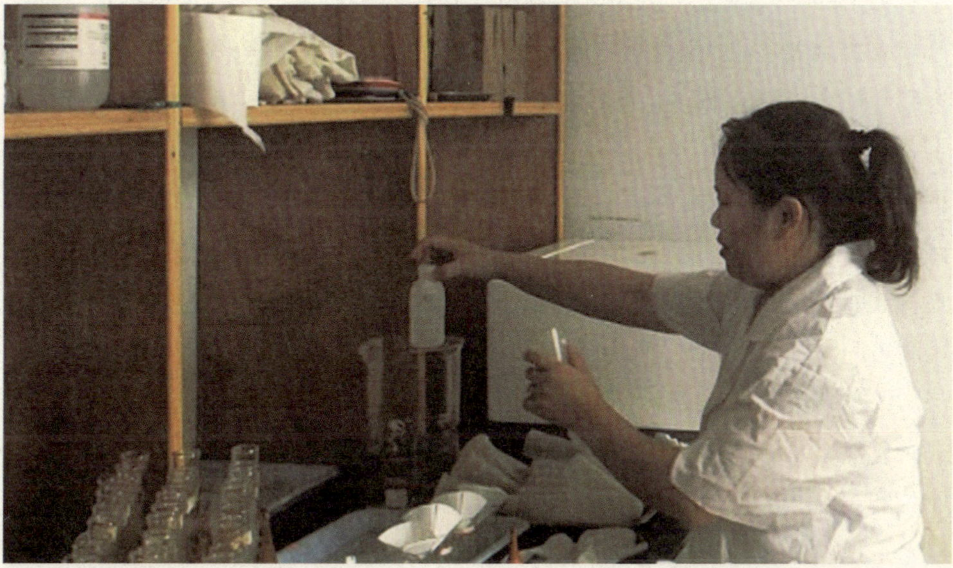

化验员在化验土壤

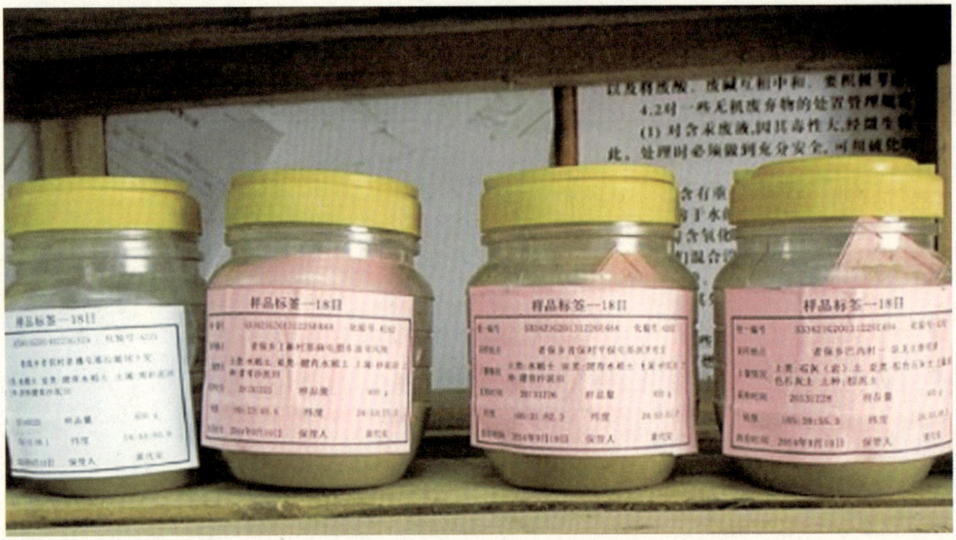

农业局保存的土壤样品

了地力，有利于控制农业面源污染，有利于保护生态环境，实现农业可持续发展，取得了良好的经济效益、社会效益和生态效益。

为了降低农业生产中的污染物排放和提高农业生产效率，中国农业部门近年来提出要在广大地区推广测土配方施肥技术。测土配方施肥来源于测土施肥和配方施肥。测土施肥是根据土壤中不同的养分含量和作物吸收量来确定施肥量的一种方法，测土施肥本身包括配方施肥的内容，并且得到的“配方”更准确，更客观。配方施肥除了也进行土壤养分测定外，还要根据大量的田间试验，获得肥料效应函数，这是测土施肥所没有的程序。配方施肥和测土施肥具有共同的目的，只是侧重点有所差异，所以也概括称为“测土配方施肥”。采用测土配方施肥有四个方面的优势：

1. 有利于提高农作物产量，保证粮食安全。随着化肥产量的增加，如何选择化肥，如何施用化肥，就成了农业生产的一个重要问题。只有通过土壤养分测定，才能根据作物需要，正确确定施用化肥的种类和数量，从而能够持续稳定地增产。

2. 有利于降低农业成本，提高农民收入。肥料在农业生产资料的投入中约占50%，但是施入土壤的化学肥料大部分不能被作物吸收，所以如何减少肥料的浪费，对提高农业生产的效益至关重要。

3. 有利于节约资源，保证农业可持续发展。肥料是资源依赖型产品，而生产肥料是以消耗大量资源为代价的。采用测土配方施肥技术，有利于减少肥料的用量，节约资源和能源。

4. 有利于减少污染，保护农业生态环境。不合理的施肥会造成肥料的大量浪费，浪费的肥料必然进入环境中，不仅浪费能源，也污染环境。采用测土配方施肥，可以使施入土壤中的化学肥料尽可能多地被植物吸收，减少在环境中的滞留量，保护农业生态环境。

二、鼓励使用生物有机肥和低毒低残留农药

近年来，江苏省大力推广低毒低残留农药的使用，主要补贴项目有蔬菜用药补贴、水稻用药补贴和生产基地用药补贴。

1. 蔬菜用药补贴。江苏省每年安排1500万元用于蔬菜生物农药购置补贴项目，用于蔬菜上市前最后一次病虫防治生物农药补贴。生物农药补贴对象为蔬菜生产专业合作社、规模蔬菜生产企业和蔬菜种植大户，补贴标准为每亩次10元。

2. 水稻用药补贴。江苏省每年安排补贴2750万元用于水稻病虫高效低毒、对环境友好的农药补贴。农业部门实行政府集中采购低毒低残留农药，统一配送到各农药经营企业销售，实行农药经营零差率补贴，补贴额度为18%~40%。

3. 生产基地用药补贴。江苏省已经建立了100个永久性万亩蔬菜基地，每个基地投入500万元，用于蔬菜生产基本项目建设，项目中拨出专用资金，用于蔬菜病虫防治高效低毒农药的示范推广。

化肥和农药是当今农业生产中必不可少的两项投入，化肥和农药使用得正确与否直接关系到农业的收成和对环境的影响。为了保护农业生态环境，中国农业部门近年来开始提倡农民使用生物有机肥和低毒低残留农药，一方面可以保证农产品的质量安全，另一方面也可以降低农业生产对环境造成的压力。

生物有机肥是指特定功能微生物与主要以动植物残体为来源并经无害化处理、腐熟的有机物料复合而成的一类兼具微生物肥料和有机肥效应的肥料，一般来源主要是动物粪便、农作物秸秆等，它具有营养元素齐全、改良土壤、提高农作物品质等优点。而低毒低残留农药是指使用效率高，不会有过多毒性残留的农药，使用低毒低残留农药可以降低农产品的农药残留程度，保障消费者健康，同时可以减少渗透到土壤中的有毒有害物质。

为了在广大农村地区推广生物有机肥和低毒低残留农药，中国政府专门对使用它们的农户进行了补贴，刺激农民积极性，加快生物有机肥和低毒低残留农药的普及。

三、秸秆和粪便再利用，最大限度减少污染

宜兴是江苏南部的农业大市，秸秆资源丰富，年产量近44万吨。随着农村燃料能源结构的改变，秸秆处理成为农业生产中的一大突出问题。为切实做好农作物秸秆禁烧和综合利用工作，宜兴市成立了专门的秸秆综合利用推进工作领导小组，重点对秸秆还田、秸秆固化成型、秸秆气化集中供气等新技术、新途径实施以奖代补的鼓励政策。

科学的考核和奖补机制，引导着宜兴市上下扎实开展秸秆禁烧和综合利用工作。农林部门广泛开展夏熟秸秆综合利用宣传工作，加快秸秆综合利用实用技术的普及；环保部门组建秸秆禁烧检查小组，在重要时节，对重点路段开展不间断巡查，督促属地政府及时制止和扑灭焚烧火点。作为综合利用工作的试点，屺亭街道2015年投入近500万元资金，统一购入秸秆打包设备，并建起村级转运站和街道收贮站，基本建成集打包、转运、贮存于一体的秸秆收贮体系。新庄街道不仅采取微博、微信等新媒体与传统媒体相结合的宣传模式，广大科技人员还深入田间地头，与农户面对面交流。丁蜀镇疏堵并举，建立村级秸秆禁烧巡逻队，对重点区域进行巡查联防，一旦发现火点，做到20分钟内赶赴现场组织扑救。

在全市上下的共同努力下，一批示范企业开始涌现，秸秆经济在宜兴市也悄然形成。新锦源菌业科技有限公司等食用菌生产企业，利用秸秆发展集中隧道式发酵法种植双孢菇，带动周边农户，促进农业增效和农民增收，企

秸秆粉碎加工再利用

业年处理秸秆 1 万吨以上。江苏坤兴农业废弃物处理有限公司建起了秸秆收贮站，上马秸秆固化成型项目，年产秸秆煤 5000 吨，为宜兴市农村秸秆能源化利用作了有益尝试。江苏神力生态农业科技有限公司，在引进秸秆综合处理技术的基础上，与周边农户签订收购协议，消化周边 5000 余亩地的秸秆，用于生产秸秆营养土，并通过网络渠道进行销售。企业“吃”进的是秸秆，“吐”出的是效益。

目前宜兴市全年综合利用秸秆约 40.54 万吨，综合利用率达 93.20%，秸秆机械化全量还田面积夏秋两季累计达 33.18 万亩，利用秸秆 13.17 万吨，机械化还田秸秆利用率为 30.28%；多种形式利用秸秆 27.37 万吨，主要包括能源化利用 15.84 万吨、肥料化利用 7.84 万吨、食用菌基料化利用 3.5 万吨等，多种形式秸秆利用率为 62.92%。2016 年，江苏国信协联能源有限公司还将建设秸秆生物质发电项目，可年消耗秸秆 15 万 ~30 万吨，将彻底解决宜兴市秸秆的出路问题。

农作物秸秆和动物粪便是农业生产中最常见的两种废弃物，如果处理不好，会在农村形成巨大的污染源。农作物秸秆传统的处理方法是焚烧，焚烧秸秆不但会造成空气污染，其所产生的烟雾还会直接影响到交通安全和人的身体健康；动物粪便如果不及时处理，会发出臭味，并引来蝇蛆，对人们的生产生活带来危害。

如果能采用适当的方法对农作物秸秆和动物粪便进行处理，不但不会破坏环境，反而能变废为宝。经过简单的处理后，农作物秸秆可以制成畜禽饲料，既减少了污染，又降低了购买饲料的成本；动物粪便经过沼气池处理后，不但有效地消除了恶臭，而且为农民的日常生活提供了燃料。

因此，中国政府近年来在农村大力推广秸秆和粪便的再利用，利用国家农机补贴资金，鼓励养殖户购置秸秆粉碎机、铡草机和揉草机等秸秆加工机械；对农户建造沼气池进行财政补贴。除此之外，中国政府还采取了一些强制措施，如采用逐级监督的办法，禁止农村焚烧秸秆；规定大型养殖场必须建立沼气池等。

四、农田残膜回收，使用多少，带走多少

宁夏回族自治区是中国使用地膜的大省，每年推广覆膜面积300余万亩，由此每年产生的废旧地膜也有2万余吨。以往残膜回收主要依靠农民人工捡拾，由于回收麻烦、经济效益低，农民积极性不高，残膜在土地里越积越多，影响到了农田可持续耕种。

2014年，宁夏建立了源头控制降低回收难度、健全网点保证回收率、行政监管保证捡拾率、激励企业提升加工率的残膜回收运行机制。残膜整治由政府牵头，农业部门指导，有关部门协作推动，严格实行政府招标采购，统一农膜使用规格，降低残膜回收难度；建立残膜回收加工厂，定点设立废旧农膜收购网点，采取定点收购、流动收购、上门收购相结合的方式，提高回收利用率。通过调整政策，各方回收治理残膜的积极性明显提高。目前，宁夏基本消除了村庄、道路、沟渠、林带、田间地头裸露飘挂残膜和随意焚烧、随地填埋二次污染现象，农用残膜回收和农田环境污染得到一定程度治理。

宁夏大规模的农田“白色污染”整治行动，涉及3个市11个县，整治面积达150万亩，回收农用残膜9560.5吨，回收率逾77%。

农田地膜是指农田地面覆盖的薄膜，通常是透明的，盖在土地上，以提

被盖上地膜的农田

高土壤温度，保持土壤水分，维持土壤结构，防止害虫侵袭作物和某些微生物引起的病害，以促进植物生长。随着农业现代化的不断发展，农村使用地膜已成为确保农业高产、稳产的重要手段。但是地膜使用后若不及时回收，则会给环境带来极大的污染。首先，残留的地膜会阻止水分往地下渗透，导致土壤含水量降低，削弱了土地的抗旱功能；其次，残留的地膜破坏了土壤的结构，会造成农作物根系发育困难，且会影响施肥效果；再次，地面露头的残膜如果被畜禽误食了，会导致畜禽消化不良，甚至死亡。

鼓励农户回收地膜是中国农业部门近年来的一项重要决策，主要采取宣传教育和财政补贴手段，鼓励农户回收残留的地膜。目前，回收地膜的主要手段是人工捡拾回收和机械回收，鉴于中国当前的农业机械化水平，在大部分地区还是以人工捡拾回收为主。

第三节 养殖业控制

随着中国畜禽养殖业的逐步壮大，畜禽养殖业所带来的生态环境污染问题也越来越严重。畜禽养殖业所造成的环境污染，是一种典型的农业面源污染。

畜禽养殖业对环境的危害体现在四个方面：（1）严重污染水体。高浓度畜禽养殖污水排入江河湖泊后，由于其氮、磷含量高，造成水质恶化，导致水体严重富营养化；大量畜禽污水排入鱼塘及河流中，会使对有机物污染敏感的水生生物逐渐死亡，严重时将导致鱼塘及河流丧失使用功能；畜禽废弃物有毒、有害成分一旦进入地下水中，可使地下水中的溶解氧含量减少，水体中有毒成分增多，严重时会使水体发黑、变臭，造成持久性的有机污染，导致原有水体丧失使用功能，极难治理、恢复。（2）污染空气。畜禽粪便在微生物的作用下，发酵时会产生大量氨气、二氧化硫、粪臭素、甲烷、二氧化碳等有害恶臭气体，连同畜禽本身释放的气体，恶臭物质有230多种。这些恶臭物质，不仅会造成畜禽产生应激反应，影响其生长发育，降低畜禽产品质量，而且严重影响畜禽养殖场周围的空气质量，危害饲养人员及周围居民的身体健康。（3）传播病菌。畜禽废弃物的污染物中含有大量的病原微生物、寄生虫卵以及蚊蝇，会使环境中病原种类增多，病原菌和寄生虫大量繁殖，造成人、畜传染病的蔓延，尤其是人畜禽共患病会导致疫情发生，给人畜禽带来灾难性危害。（4）危害农田生态。高浓度的畜禽养殖污水长期用于灌溉，会使作物徒长、倒伏、晚熟或不熟，造成减产。此外高浓度污水可导致土壤孔隙堵塞，造成土壤透气性、透水性下降及板结严重，影响土壤质量。

一、草原生态保护补助，保证草原可持续发展

二三十年前，中国的新疆维吾尔自治区草原生态环境被严重破坏，牛羊越养越多，放牧时漫山遍野都是，草场上的草却越来越少，甚至出现一些地区牛羊没有草吃的现象。

2011年起，在中央财政的支持下，新疆维吾尔自治区政府开始对草原生

态环境进行治理，分别对 1.515 亿亩草原实施禁牧，对 5.385 亿亩草原实施草畜平衡。新疆实施禁牧的 1.515 亿亩草原中，有 150 万亩重要水源涵养区和草地类自然保护区，主要包括天池、喀纳斯、赛里木湖、巴音布鲁克等 8 个重要草原风景区。这些草原多为高山草甸，牧草产量高、质量好，是新疆主要夏牧场，也是重要的水源地和风景区。但是，由于长期超载过牧，造成草原草场退化加剧，水土保持能力降低，泥石流等自然灾害多发。

为解决 150 万亩水源涵养区和草原保护区保护的资金问题，自治区政府将禁牧补助标准下调为每年 5.5 元 / 亩（国家制定的禁牧补助标准为每年 6 元 / 亩），调剂出 7500 万元，并以每年 50 元 / 亩的禁牧补助标准对 150 万亩草场实施补助。除了禁牧补助每年 5.5 元 / 亩、水源涵养地和草原保护区禁牧补助每年 50 元 / 亩之外，新疆草畜平衡及牧民生产性补贴标准同国家一致，即草畜平衡奖励每年 1.5 元 / 亩，人工种草良种补贴每年 10 元 / 亩，生产资料补贴每年 500 元 / 户。通过禁牧和草畜平衡，不仅能尽快恢复草原生态功能，而且可以打造世界知名的草原景观，为新疆旅游业的发展助力。

因此，我们今天才可以看到：吐鲁番地区天然草场覆盖率比禁牧前提高

天山牧场

了20%~30%，牧草产量比禁牧前提高了30%~50%。176万亩骆驼刺天然草场长势喜人，多年不见的花开了，并结出了种子。乌鲁木齐市周边草场出现了多年未见的黄羊……

随着中国人民生活水平的逐渐提高，对肉蛋类农产品的需求快速增加，强大的需求拉动着中国畜牧业的高速发展。然而过多地放牧使得中国的草原破坏相当严重，牧场退化速度逐渐加快，长此以往将造成未来无草可牧的局面。为了保证中国畜牧业的长远发展，中国政府加强了对草原生态保护的重视，提出了草原生态保护补助制度，通过经济手段保护草原的生态环境。

从2011年起，中国在内蒙古、新疆、西藏、青海、四川、甘肃、宁夏和云南等8个主要草原牧区和新疆生产建设兵团，全面建立了草原生态保护补助奖励机制。该政策的目标是“两保一促进”，即“保护草原生态，保障牛羊肉等特色畜产品供给，促进牧民增收”。该政策的主要内容有四点：（1）实施禁牧补助。对生存环境非常恶劣、草场严重退化、不宜放牧的草原，实行禁牧封育，中央财政按照每年6元/亩的测算标准对牧民给予禁牧补助。（2）实施草畜平衡奖励。对禁牧区域以外的可利用草原，在核定合理载畜量的基础上，中央财政对未超载的牧民按照每年1.5元/亩的测算标准给予草畜平衡奖励。（3）给予牧民生产性补贴。包括畜牧良种补贴、牧草良种补贴和每年500元/户的生产资料综合补贴。（4）绩效考核奖励。补奖政策由省级人民政府负总责，财政部和农业部实行定期或不定期的巡查监督，并按照各地草原生态保护效果、地方财政投入、工作进展情况等因素进行绩效考评。中央财政每年安排奖励资金，对工作突出、成效显著的省份给予资金奖励，由地方政府统筹用于草原生态保护工作。以上四项共投入财政经费136亿元。

二、南方草地开发，畜牧业中心的迁移

湖南省邵阳市城步苗族自治县的南山牧场总面积152平方千米，拥有连片天然草山23万亩。30多年来，中国农业部门把南山牧场作为中国南方草业开发的示范工程，先后投资2.3亿多元，帮助南山建成优质人工草场13万亩，成功实施了中澳畜牧工程合作项目、农业综合开发项目和飞机播种项目，是国家投资最多，人工开发面积最大的牧场。

南山牧场

早在30年前，南山牧场就按照“公司+农户+基地”的发展模式，在全国国有牧场中率先打破了大锅饭的局面，全面推行“家庭牧场制”，1981年以来牧场一直实现盈利。南山牧场已培育出年产值达15亿元的中国驰名品牌“南山奶粉”和年产值5亿元的国内知名品牌“南仔奶粉”，年创税收1.6亿元，牧场员工人均创税近5万元，人均创税已经连续28年居全国同行之首。当前，南山牧场正在大力推进标准化畜牧小区建设、青贮饲料基地建设、草山综合治理工程和牧草奶牛科技改良工程，并积极向农业部申报立项，争取开发南山草原涵盖区尚未开发的100余万亩成片天然草山，进一步做实做强“中国第一牧场”。

南山地域宽广、景象壮美，为高山台地大草原。南山牧场草原资源的保护与合理开发工作走在全国前列，不仅取得了辉煌的成就，积累了丰富的经验，而且为中国草地资源的保护和合理开发利用做出了典范，树立了榜样。

北方草原牧场是中国传统牧区，但随着中国人口压力的增大以及北方牧区草地的退化，北方传统牧区畜牧业产品在中国整体畜产品中的占有率越来越低，其中羊毛、牛羊肉的产量仅占国家总产量的1/5~1/3。中国南方水热条件好，生长期长，草地生产力高，生产潜力大；同时，南方劳动力、资金相对较多，科技水平较高。目前中国畜牧业的发展重点开始逐渐向水热条件、经营条件更好的南方转移。

近年来，随着中国西部大开发战略和全国生态环境建设政策的实施，南方草地资源的开发利用取得了很大成就。草地开发面积大大增加，草地生产力水平不断提高，草地畜牧业已成为振兴南方山区农村经济的一大优势产业。

第四节　水资源保护

一、高效节水灌溉，开源还需节流

宁夏地处西北干旱半干旱区，十年九旱，生态脆弱，资源型、水质型和工程型缺水并存，缺水问题一直是制约宁夏经济社会发展的“瓶颈”。随着自治区经济社会的发展，各行各业对水的需求日益加大，经测算，按照国家分配给全省的取用水总量，到2017年全省缺水9.9亿立方米。破解制约宁夏经济社会发展的“瓶颈”，必须走挖潜改造的路子，大力优化用水结构，转变农业用水方式，挖掘农业节水潜力，发展现代高效节水农业。

近年来，宁夏积极应对水资源短缺日益严峻的形势，率先开展节水型社会建设试点工作，采取项目倾斜、科技支撑、典型示范等措施，全力推进高效节水灌溉，取得了较为明显的成效。2016年，宁夏在节水灌溉项目上的投资额达8.2亿元，增加了35.1万亩高效节水灌溉农田，总节水灌溉面积累计达265万亩，占灌区面积的30%。2017年，宁夏高效节水灌溉将进一步扩面，建设任务全部完成后，预计年节水实现3.5亿立方米。从近年实践情况看，推行高效节水灌溉可以实现增产10%的目标。以种植玉米为例，同样是扬黄灌区，同样是沙地，黄羊滩的滴灌玉米比大田玉米亩均增产80千克。据此推算，全区扬黄和库井灌区160万亩地膜玉米实施滴灌后，可增产1.28亿千克。

随着农村经济转型、劳动力转移、土地流转和集约化进程加快，宁夏积极调整种植业结构，大力推广高效节水灌溉技术，发展高产、优质、高效、生态、安全农业，以实现生产集约化、产品优质化、经营产业化，推进传统农业向现代农业转变，提高农业经济效益，稳定持续增加农民收入。据统计，实

高效节水灌溉

施高效节水灌溉项目区的枸杞、葡萄、蔬菜、牧草等经济作物亩均增产 10% 以上，增收超过 1000 元。

高效节水灌溉工程实现了“省水、省钱、省工、省肥”。与传统的土渠输水和田间大水漫灌相比，管道输水节水 20%~30%，喷灌节水 40%，滴灌节水 50%~60%。全省农业用水占总用水量的比例由 2011 年的 90% 下降到 2015 年的 87.3%。其在节水的同时，还节省了水费支出和灌溉用工，特别是实行水肥一体化的工程，可减少 40% 的化肥使用量。

通过发展高效节水灌溉，在农业用水总量减少的情况下实现了灌溉面积的增加、亩均产量和总产量的增加、经济效益的增加以及绿地植被的增加，促进了特色产业的发展，改善了生态环境，为粮食持续丰收、农民持续增收和全省经济社会发展提供了有力保障。

实践证明，在水资源总量不变的情况下，转变农田灌溉方式、发展节水农业，是宁夏实现水资源可持续利用的必由之路。大力发展高效节水灌溉，可以实现以农业节水支持工业化、城市化发展用水需求，促进经济社会可持续发展。

高效节水灌溉工程是指依靠工程技术手段，最大限度地减少输水过程中水的损失，提高水分利用效率的灌溉工程。

目前中国的水资源十分紧缺，而农业作为用水大户，其传统的大水漫灌方式使得其对水资源的浪费十分严重。中国农业的用水量占全国总用水量的70%以上，而水的有效利用率只有30%~40%，仅为发达国家的一半左右，每立方米水的粮食生产能力只有0.85千克，远远低于发达国家每立方米水的粮食生产能力2千克以上的水平。因此，改变人们千百年来传统的灌溉习惯，用较少的水获得较高的产出效益，推广高效节水灌溉工程，是缓解中国水资源紧缺的途径之一，更是现代农业发展的必然选择。

推广高效节水灌溉工程，不仅能大幅度提高水的利用率，还将引发农业生产方式的变革，改变传统的农田水利建设方式，提高了土地利用率，提高了劳动生产率。

第五节　环境恢复

一、退耕还林，保护那一片绿

作为长江流域的重要生态保护区，万州区是重庆市率先启动退耕还林工程的地区之一。经2000年和2001年分别开展30000亩退耕试点后，2002年和2003年在全区迅速大范围、大规模推广，2006年基本完成全部退耕任务。根据相关部门的普查数据，截至2010年，全区共完成退耕还林面积52万亩，其中恢复生态林46万亩，恢复经济林6万亩，涉及50个乡的20万农户，占到农村总户数的51%。

退耕还林工程实施以来，全区植被恢复加快，水土流失得到有效控制。1999年万州区森林覆盖率仅为16.2%，在2006年全区退耕任务基本完成时，森林覆盖率提高到了32.3%。2007年，退耕还林进入成果巩固阶段，2008年该

重庆市万州区退耕还林工程基地

区启动森林工程又一重大生态保护计划。退耕还林工程、天然林保护工程和森林工程三大主要生态建设计划的顺利开展，使得全区森林覆盖率在2015年达到了49%；每年综合治理水土流失面积超过120平方千米，生态环境保护面积每年增加160平方千米以上，而水土流失则每年减少了250万吨以上，同时全区水质、空气质量等得到明显改善。

退耕还林就是指从保护和改善生态环境出发，将易造成水土流失的坡耕地有计划、有步骤地停止耕种，按照适地适树的原则，因地制宜地植树造林，恢复森林植被。退耕还林工程建设包括两个方面的内容：坡耕地退耕还林和宜林荒山荒地造林。

几十年前，中国实行的是“以粮为纲”的方针，为了促进粮食增产，砍伐了大量森林进行粮食种植，这样的行为短期提高了中国的粮食产量，但从长远来看，易造成水土流失，反而破坏了农业生态环境。近年来，中国人意识到了森林资源的重要作用，一方面加强了对现有森林资源的保护，另一方面开始实行退耕还林工程，努力维护自然环境与农业生产的平衡。退耕还林的长期生态效益与短期社会不利影响并存，但其生态效益和社会效益远大于经济效益，长期利益远大于短期利益。

除了退耕还林工程，同时实施的还有退耕还草和退耕还湿工程，即将之前开垦的耕地恢复成草地和湿地，恢复中国的生态环境。

二、重金属耕地污染修复

2014 年，湖南省出现了大米含镉量超标的事件，为中国的农业部门敲响了警钟。相关数据显示，中国受重金属污染的耕地面积已达 2000 万公顷，占全国总耕地面积的 1/6，还呈不断上升趋势。

重金属污染耕地带来的直接后果是耕地质量下降，从而导致农产品品质下降，对人体健康带来危害。环保部门的统计数据显示，中国每年受重金属污染的粮食高达 1200 万吨，造成的直接经济损失超过 200 亿元，对受重金属污染的土地进行修复刻不容缓。

2014 年，中国开始实施重金属污染耕地修复工程，粗略估计该项工程将耗资数万亿元，且中国目前土壤污染底数不清、土壤修复相关法律和标准缺

农民通过施撒石灰来降低农田内的重金属含量

失，土壤修复难度很大。目前该工程尚处在试点阶段，只在湖南的长株潭地区率先进行尝试，但该工程直接关系到中国的食品安全和中国人民的身体健康，中国政府必将克服困难，做好耕地修复工作。

三、地下水超采区综合治理

河北省肥乡县地处河北南部，属严重缺水县，年平均水资源量4879万立方米，人均水资源量132.6立方米，是全省人均水资源量的40%，是全国平均值的6.3%。长期以来，由于地表水源不足，该县人民群众生产和生活用水主要依靠开采地下水。目前，全县拥有规模机井7000余眼，年开采地下水量多达1亿立方米，超采约5000万立方米，超采区遍及全县，形成了河北省南部最大的地下水漏斗区——天台山漏斗区。

面对严峻的形势，肥乡县痛定思痛，决定治理地下水超采现象。经过科学论证，缜密谋划，肥乡县确定了从境外调水、补充地下水的思路。通过调查了解，发现在正常年份，肥乡县附近的岳城水库和东武仕水库向该县放水或排泄弃水约2500万立方米，其中在汛期排泄弃水约500万立方米，这些水资源大多白白浪费。引黄济邯工程，每年向该县输水约1100万立方米。据初步测算，该县可用地表水量约3600万立方米，相当于3个西湖的常年蓄水量。这个结果令肥乡县管理部门非常吃惊，逐渐意识到肥乡县水资源并非如表面上那般匮乏，而是未经合理利用，浪费过大。

明确了问题所在，肥乡县便开始紧锣密鼓地对境内团结总干渠、东干渠、西干渠及支渠进行集中治理，整修扩挖疏通渠道，结合田间配套工程，实现天台山镇、肥乡镇等引岳、引滏灌溉，并利用水库弃水蓄水补源。目前，肥乡县已连通坑塘，开挖引水渠道3250米，铺设引水管道740米，建设进水闸及跌水10座、扬水泵站16座，铺设田间输水管道5.46万米，不但使渠道排水纵横贯通，而且成功地引进了地表水润泽灌溉，既增加了地下水补给量，又减少了地下水开采，实现了经济效益和社会效益双丰收。

华北地区是中国水资源贫乏的地区，过去常常通过采集地下水的方式弥补水资源的不足，然而经过长年累月的采集，如今的华北地区出现了地下水超采的问题，严重制约着华北地区的经济社会发展和生态文明建设。

目前，中国华北地区的地下水超采问题已十分严重，华北平原区地下水超采面积已达18万平方千米，成为世界上最大的地下水超采区，直接导致华北地区大量泉水干涸，多地出现地面塌陷和裂缝。

2014年，中国着手对地下水超采区进行综合整治，率先从华北地区入手。主要措施有高效节水工程，即通过喷灌、滴灌等科技手段节约农业用水量，减少开采；种植结构调整，鼓励农户种植经济作物，在无地表水地区调整作物结构等。中国还制定了短期和长期的目标：近期（2015年）降低现超采量的39%，深层地下水位下降速率明显减少；中期（2017年）降低现超采量的74%，除生活用水外，停止开采深层地下水，地下水位止跌回升；远期（2020年）实现地下水采补平衡，地下水位大幅回升，地下水生态明显改善。

第六节　森林保护

一、营造林工程，打造绿色“长城”

“绿色万里长城”工程即中国的“三北”防护林工程，这是一项正在中

“三北”防护林咸阳段

国北方实施的宏伟的生态建设工程，它是中国林业发展史上的一大壮举，开创了中国林业生态工程建设的先河。该工程地跨东北西部、华北北部和西北大部分地区，包括中国北方13个省的559个县，建设范围东起黑龙江省的宾县，西至新疆维吾尔自治区乌孜别里山口，东西长4480千米，南北宽560千米~1460千米，总面积406.9万平方千米，占国土面积的42.4%，接近中国的半壁河山。

在这块历史上森林茂密、草原肥美的富庶之地上，由于种种人为和自然力的作用，植被遭到破坏，土地沙漠化、水土流失十分严重。区域内分布着八大沙漠、四大沙地，沙漠、戈壁和沙漠化土地总面积达149万平方千米，从新疆一直延伸到黑龙江，形成了一条万里风沙线。在黄土高原，水土流失面积占这一地区总面积的90%，在黄河下游的有些地段河床高出堤外地面3~5米，成为地上“悬河”。大部分地区年均降水量在400毫米以下，形成了“十年九旱，不旱则涝”的气候特点。风沙危害、水土流失和干旱所带来的生态危害严重制约着三北地区的经济和社会发展，使各族人民长期处于贫困落后的境地，同时构成对中华民族生存发展的严峻挑战。

“三北”防护林的修建大大改善了这片区域的生态环境。目前，从新疆到黑龙江的风沙危害区营造防风固沙林1亿多亩，使20%的沙漠化土地得到有效治理，沙漠化土地扩展速度由20世纪80年代的2100平方千米/年下降到1700平方千米/年。辽宁、吉林、黑龙江、北京、天津、山西、宁夏等七省市结束了沙进人退的历史，拓宽了沙区广大人民的生存空间。重点治理的科尔沁、毛乌素两大沙地，森林覆盖率分别达到20.4%和29.1%，不仅实现了土地沙漠化逆转，而且进入综合治理、综合开发的新阶段。赤峰市治理开发沙地2100万亩，占沙化土地的58%；榆林沙区森林覆盖率已由1977年的18.1%上升到38.9%，沙化土地治理度达68.4%。

在黄土高原和华北山地等重点水土流失区，实行生物措施与工程措施相结合，按山系、流域综合治理，建设以水土保持林为主的区域性防护林体系，共造林18460万亩，治理水土20多万平方千米。黄土高原已有40%的水土流失面积得到不同程度的治理，山西省昕水河流域土壤侵蚀模数已由7175吨下降到3226吨。

京津周围地区绿化工程是“三北”防护林体系的一项重点工程。项目实施以来，河北省项目区森林覆盖率达到25.22%，已充分显示出“泽被当地，护卫京津”的效果，使风沙紧逼北京城的状况得到一定程度的缓解，张家口市土壤侵蚀模数已由过去的5900吨下降到1540吨，官厅水库泥沙入库量由899吨减少到235吨，潘家口和密云两大水库泥沙入库量分别减少20%和60%。

林业的发展不仅改善了生态环境，也促进了农村经济的发展，“三北”地区将资源优势转变为经济优势，已发展经济林5670万亩，建设了一批名、特、优、新果品基地，年产干鲜果品1228万吨，比1978年前增长了10倍，总产值达200多亿元。甘肃省林果业已发展成为全省农村经济的重要支柱产业之一，全省农民人均林果业收入占总收入的25%。河北省张家口市大力发展经济林，林业产值由9000万元增加到3亿元，有240个村、15万户农民靠林果业实现了脱贫致富。各地在“三北”防护林体系建设二十多年的实践中积累了丰富的经验，走出了一条中国特色的林业生态建设路子。

森林不仅为人类提供木材和其他林产品，还具有涵养水源、保持水土、防

“绿色万里长城”——“三北”防护林

风固沙、游憩保健、保护物种等多种作用。但随着人口的增长和工农业的发展，人们不惜代价地砍伐森林和侵占林地，森林以惊人的速度减少，已严重危及人类的生存环境，也制约了经济的发展。

中国改革开放以前，财政状况始终不尽如人意，对林业的投资是有限的，而且有限的投资主要用于以木材生产为主的森林工业建设方面，森林培育的资金严重不足。改革开放以来，特别是近几年来，随着综合国力的提升，国家对林业建设十分重视，作为改善全国生态环境，实现经济社会可持续发展的重要措施，林业建设的投入有了飞跃式增长。国家赋予了林业在生态建设中的首要地位，标志着中国林业建设的指导思想发生了由以木材生产为主向以生态建设为主的历史性转变，营造林成为中国林业建设中的重要内容。

二、森林生态效益补偿

森林生态效益补偿是指为了适应林业分类经营改革的需要，遵循森林可持续发展的原则，保证森林在社会主义市场经济条件下正常发挥其生态效益，由国家、社会、集体、个人等多对象、多渠道、多层次对公益林的经营主体按价值规律进行资金、技术等多方面的补偿，使得公益林的经营主体能够进行公益林生产和再生产活动，向社会提供持续的森林生态效益。森林生态效益补偿实质上是通过对特定行为主体进行经济补偿的手段，来达到维持和改善森林生态效益的目的。

2001 年，中央财政设立了森林生态效益补助资金，在全国 11 个省试点开始，到 2004 年正式建立中央森林生态效益补偿基金。在各级政府、财政、林业部门的领导、协调、配合下，在广大重点防护林和特种用途林经营者的参与下，中央森林生态效益补偿工作取得了阶段性成果。该成果具体来说有以下几点：营造了全社会对森林生态效益有偿使用的氛围；提高了全社会对森林生态效益的认识；极大地调动了重点公益林所有者和经营者的积极性；逐步探索总结出了一套比较科学的公益林资源管护和补助资金管理模式。

西藏自治区是中国森林生态效益补偿的重点区域，自 2004 年中央财政森林生态效益补偿基金实施以来，西藏纳入中央财政森林生态效益补偿范围的国家重点公益林和地方公益林面积高达 1011.27 万公顷，同时国家每年下达中央财政森林生态效益补偿基金 76364 万元。西藏在森林资源方面已经取得了显著的生态、经济、社会和政治效益。

近年来，西藏森林资源面积和蓄积量实现了双增长，生态环境不断改善：西藏森林面积已达 1684.86 万公顷，森林覆盖率达 14.01%，十余年间增加 195 万公顷，森林蓄积量增长 10.21%。

不仅如此，群众的收入也因此增加，群众的生态意识也随之增强，群众参与生态保护和植树造林的积极性高涨。由于中央财政每年下拨西藏自治区 7.6 亿元用于对公益林的补偿，使全区 210 多万农牧民群众直接或间接从中受益，人均每年增收 350 元。这在一定程度上弥补了禁止采伐森林后群众收入的减少。

国际篇

互利合作，担当道义

导　语

进入 21 世纪以来，全球化成为世界的主题，中国的农业也不例外。2001 年中国加入世界贸易组织之后，传统农业受到了相当大的冲击。国内生产的农产品成本偏高、单位产量偏低，与国际市场上的农产品相比缺乏价格优势，国内相当大的农产品市场被进口产品所占据。然而国际化也为中国农业提供了很大的帮助，通过“引进来”和“走出去”两大战略，中国的农业技术得到了快速提高，也与世界上许多国家建立了密切的合作关系。农业国际合作不再仅仅是服务于国家外交的附属品，而是实实在在地推动了中国农业的进步。

中国从建国初期的贫穷落后到如今在世界上拥有举足轻重的地位，经历了艰辛的历程，中国农业的国际合作从最初的绝无仅有到今天的频繁交流，也是一个逐步自我突破与开放的蜕变过程。从 20 世纪 50 年代初至今，中国农业国际合作走过了六十余年的历程，大体可分为三个发展阶段。

20 世纪 50 年代至 20 世纪 70 年代是以对外援助为主的时期。作为一个拥有悠久的农业文明的国家，中国在农业生产上积累了丰富的经验。新中国成立后，随着对外援助工作的展开，中国即对亚非国家开展农业对外投资与合作。20 世纪 50 年代，中国农业对外援助的对象主要是越南和蒙古两国。20 世纪 60 年代以后，进一步扩大到西亚、非洲国家及东欧的阿尔巴尼亚、罗马尼亚等国。20 世纪 70 年代，中国恢复了在联合国的合法席位，包括农业在内的对外援助规模快速扩大。中国先后向卢旺达、加纳等 12 个非洲国家派出 600 多名农业技术人员，帮助其发展农业。

20 世纪 80 年代至 2000 年，是中国从单方面的援助发展为多种形式的互利合作的时期。改革开放后，随着中国对外援助工作的调整，农业对外援助也发展为多种形式的互利合作，农业对外投资开始起步。20 世纪 80 年代，中国农业对外投资主要以兴办合资企业为主，领域主要集中于渔业和林业资源合作开发。进入 20 世纪 90 年代后，中国大型国有企业及大型股份公司利用其承建中国援外项目的经验，开始在受援国进行农业投资。总体而言，该阶段中国对外农业投资尚处于起步阶段，仅限于少数企业的小规模投资，且投资地域、行业狭窄。

2001 年至今是农业对外投资初步发展时期。加入世界贸易组织以后，中国对外开放由“引进来”为主转向“引进来”与“走出去”并重，农业对外投资全面启动，中国农业对外投资进入初步发展阶段。农业对外投资领域不断扩大，涵盖农作物种植、畜禽养殖、农产品加工、仓储和物流体系建设、森林资源的开发与利用、水产品生产与加工、农村能源与生物质能源等方面。投资主体趋于多元化，除国有大型农业企业外，民营企业及个体农户的海外投资也不断增加。

中国政府清醒地意识到，随着信息技术的发展和大数据时代的来临，未来农业国际化的水平必然会进一步提高。为适应这一必然趋势，中国政府做

中国—中东欧国家农业科技与经贸合作论坛

了相当多的工作，包括打造优势农产品、控制重要农产品进出口配额、鼓励国际农业合作、出台新型税制等。中国已经做好了准备，迎接新一轮国际化的到来。

第一节 农业国际合作

新中国成立之后，中国农业便开始参与国际上的农业合作。60多年来，经历了三个目的、策略、角色完全不同的合作时期，主要节点是1978年改革开放与2001年加入世界贸易组织。

第一阶段是1949—1978年，即从新中国成立到改革开放前夕。这一时期中国以计划经济为主，农村实行人民公社制度，农业产品由国家进行统购统销。在这段时间，农业国际合作相对较少，主要目的在于服务国家外交。到1978年改革开放前夕，中国除参加粮农组织等国际机构的活动外，只与50多个国家有简单的农业事务往来。

第二阶段是1979—2001年，即从改革开放到加入世界贸易组织之前的时期。这一时期中国经历了深刻的经济体制变革，由计划经济体制转变为一定程度上的市场经济体制，农业生产也由人民公社形式转变为了家庭联产承包责任制，国内生产力得到了飞速的提升，物资逐渐丰富，农产品开始有了富余。在此期间，中国与世界的农业合作主要以“引进来”战略为主。中国与国际农业机构和主要发达国家的农业经济技术合作逐渐增多，农业“引进来”政策卓有成效，农业“走出去”政策开始起步，农业贸易得到较快发展。

第三阶段是2001年之后，即中国加入世界贸易组织之后。经过了50多年的快速发展，此时的中国已经成为了一个大型经济体，国内生产总值居于世界前列，物资丰富，人民生活水平明显提高。加入世界贸易组织之后，中国的农业贸易增长迅速，“走出去”和“引进来”并重，国际交往日益密切，农业国际合作进入了一个全新的阶段。此时的中国与世界上140多个国家、机构和金融组织建立了合作关系，签订了各类农业国际合作协议150多个，与

50多个国家成立了农业合作委员会或工作组。

中国与世界其他国家进行的农业合作形式多种多样，主要有农业科技合作与交流、农业利用外资、农业对外投资、农业对外援助和农业对外贸易五种。

一、科技合作交流，农业走向世界

中欧农业科技合作始于20世纪90年代，经过20多年的发展，在科研成果、队伍建设、合作领域等方面取得了积极进展。欧盟框架计划是世界上规模最大的区域性科技合作计划，其项目申请严格，竞争非常激烈，合作范围广，科研水平高，体现了欧洲的科研实力。中国农业科学院从1996年开始有组织地申请欧盟框架计划项目。

作为中欧农业科技国际合作的主力军，中国农科院自承担第1个农业领域框架计划项目——第三框架计划（1991—1995）项目“亚洲玉米螟的非农药治理研究”以来，一直领衔新时期农业领域的中欧科技合作，取得了丰硕成果，为提升中国的农业科研水平以及中国农科院在欧盟的知名度和影响力，发挥了重要作用。

1. 引入先进理念，引进先进技术。获得欧盟资助的科研单位一般都是知名度较高或在某一领域具有独到之处的欧盟成员国或欧盟科研机构。与这样的机构合作，将引进的先进技术及理念本地化，可为解决国内问题制订国际化方案。通过“家畜牛皮蝇蛆病控制措施的改进和诊断方法的研制”项目，中国农科院首次成功研制了一种可用于牛皮蝇蛆病防治的伊维菌素微量注射液。该注射液具有疗效好、成本低、无残留、使用方便等特点，成为有机磷制剂的替代品。借助“华北平原作物长势监测与产量预测”项目，中国农科院引进了预测模型并加以改进，提高了中国作物长势监测的精度与效率。

2. 建立交流平台，扩大国际影响。科研人员通过中欧双方3~5年合作搭建的交流平台，可与国际先进团队保持工作联系，加强信息交流并得到认可。中国农科院通过“华北平原作物长势监测与产量预测”项目，引入农情遥感监测业务运行系统，并加以改进，使之在数据不完备的情况下仍具有相对良好的预测能力。此成果得到了国际认可，并被认为对预测非洲和亚洲发展中国家的粮食产量具有重要意义，从而使中国农科院获得了更多的合作机会。为使中国传统育种科学家能够利用分子育种技术，并培训青年育种科技人员，中国农科院自筹资金与欧盟科研总司农业司设立了对接项目，使中方科研人员与欧洲顶级的作物育种机构英国洛桑实验站和约翰英纳斯中心、德国马普研究所、西班牙巴塞罗那大学共同工作，促进了中国育种工作的开展。

3. 加强能力建设，加速人才培养。欧盟框架计划项目一直将人才培养作为主要的工作内容。通过执行项目，中国农科院培养了一批博士、硕士，并造就出一批一、二级岗位人才。为中国的农业科技发展做出了重要贡献。

4. 扩大机构联系，拓展合作范围。通过项目合作，与欧洲各研究领域的重要科研机构建立了紧密联系，包括英国洛桑实验站、德国马普研究所等农业科研机构，法国农业科学院畜禽病理及寄生虫研究所、德国博斯特研究中心等专业领域独具特色的研究机构，德国联邦风险评估研究所等针对新问题的权威科研机构。

中国是一个发展中国家，在农业技术上与发达国家相比还存在较大的差距，因此中国的农业科技合作和交流目前还是以向发达国家学习高新技术为

中欧农业合作项目对接会

主。截至2016年，中国与世界上100多个国家、组织和机构建立了长期的科技交流与合作关系，取得了以下成果：

1. 引进了大量资源品种。1949—1978年，引进国外农作物品种资源2万多份；1978—2016年，引进国外农作物品种资源约10.8万份。

2. 学习了国外先进技术。1979年前主要学习苏联等国家的技术经验，1979年后进行了更为广泛的技术引进，包括地膜覆盖栽培、土壤改良、配方施肥、水稻旱育稀植、网箱养鱼、机械化产鸡、人工授精等技术，同时引进了许多先进的仪器设备。1994年8月起开始实施引进国际先进农业科学技术计划，即有名的“948”计划。

3. 开展了境外试验示范。在亚非拉一些国家兴建了20多个农业技术示范中心，派遣近千名农业专家和技术人员，帮助当地培养了一大批农业技术人员。

二、农业利用外资，借助国际力量

2016年年底，江苏省如东县经济开发区新上马的凯爱瑞食品（南通）有限公司二期项目在追加1076万美元外资投入到账后，利用自有土地新建厂房12132平方米，改造现有生产塔两座，购置先进生产设备24台套，竣工投产后可年增销售额5亿元。

近年，如东县围绕培植特色农业产业，强力推进农业招商，到2016年年底，共完成外资农业项目15个，项目涉及农产品精深加工、热带水果种植等领域，实现外资到账5186.65万美元，提前完成全年农业外资到账任务。

如东县是传统农业大县，主动嫁接外资项目，引进国外先进农业技术，擂响向现代农业强县跨越的战鼓。2016年年初以来，如东县突出招引产业带动性、牵引力强的优质项目，如东经济开发区、如东沿海经济开发区和如东循环经济产业园区利用外资都已超过1000万美元。位于如东高新区的泰莱食品配料（南通）有限公司追加300万美元外资投入，实施年产聚葡萄糖25000吨、菊花粉5000吨的扩建项目。这家企业是英国上市公司、世界著名营养配料生产企业和全球最大的淀粉生产企业泰莱集团进入中国后首个食品配料膳食纤维项目，力争3年内建成亚洲最大的膳食纤维研发、生产基地。

新中国刚成立时，中国的经济相当落后，资本和技术十分匮乏，这样的

西藏山南成熟了的青稞

条件使农业难以快速发展。中国政府为解决这些难题，采取了接受国际援助的办法，利用国际资本和技术发展中国农业。如20世纪50年代中期，苏联援建了黑龙江的友谊农场；1979年，中国开始接受世界粮食计划署的粮食援助；1979—2006年，接受世界粮食计划署、欧盟、日本、德国粮食援助14亿多美元，接受联合国粮农组织、开发计划署、世界银行、亚洲开发银行等提供的技术援助15亿多美元，其中世界粮食计划署向中国提供了70多个无偿粮食援助项目，价值10亿多美元。

除了接受国际上的援助，改革开放后中国还大力吸引外资，利用人力成本低的优势，吸引外商投资。新世纪以来，农业外商在中国直接投资的项目12609个，总投资额186.3亿美元。2015年，农业外商直接投资金额达13.3亿美元，比2000年水平高出127%。

三、农业对外投资，发挥自身优势

农业是中国“走出去”战略的重要组成部分。江西农业企业在“走出去”

方面已进行了有益的尝试，取得了丰硕的成果。目前，江西共有 19 家企业在海外进行了农业开发，累计对外投资协议额达 2.4 亿美元，主要从事农业种植加工、水产养殖、林业开发、农产品贸易等领域的经营和运作。如江西青龙集团在澳大利亚投资油橄榄种植项目，华美食品在马来西亚从事水稻种植和米粉加工项目等。江西省的大型农业化产业企业也先后在俄罗斯、埃及、澳大利亚、新西兰、美国等国家开展境外投资项目合作与洽谈。此外，江西还拥有两个援外农业示范中心。

江西拥有众多高层次、高水平的农业科技人才，在杂交水稻制种栽培、农田整治、农村沼气、柑橘种植、畜禽和淡水养殖等方面拥有领先的技术。此外，江西生态农业前景可喜，农业产业化水平不断提升，拥有省级以上农业产业化龙头企业 814 家，其中国家级 40 家。此外，当前世界经济复苏缓慢，欧美等发达国家吸收外资的愿望强烈，也是江西农业企业“走出去”到发达国家兼

中国农业技术专家在坦桑尼亚

并农场、酒庄和农业开发的大好时机。广大发展中国家，尤其是非洲等欠发达国家，改善民生和吸收外资进行农业开发的意愿强烈，为江西农业走进广大发展中国家提供了良好的机遇。

江西省农业厅围绕中国“一带一路”战略，重点组织农业企业开拓“一带一路”沿线国家投资贸易市场。重点鼓励和引导企业开拓俄罗斯、蒙古、哈萨克斯坦、波兰、匈牙利等国贸易市场，充分利用这些地区通往欧盟市场的有利条件，以贸易带动投资的方式，有序带动江西农产品出口欧盟市场。引导企业赴马来西亚、菲律宾和印尼等国家开展农作物种植、农产品加工等投资业务，同时引进东南亚国家的热带水果等优质农产品资源，丰富国内农产品消费市场，实现“走出去”和“引进来”的良性循环。鼓励江西工程企业与农业企业合作，共同开发东非、肯尼亚、埃塞俄比亚、坦桑尼亚等非洲国家的农业市场。

2013 年 6 月，中国新疆建设兵团和乌克兰 KSG 农业公司签订了一项总投资额达 26 亿美元的合作合同，乌克兰将向中国提供 300 万公顷农田，作为粮食与肉类的生产地。这是中国最大的海外农业投资，也是中国公司向海外扩展耕地的重要一步。

乌克兰是传统农业大国，盛产小麦、玉米、土豆、甜菜、亚麻、向日葵等，尤其是后三者的种植量及其加工品在国际市场上占有较大份额。乌克兰享有“欧洲粮仓”的美称，这主要得益于它得天独厚的自然条件——拥有世界上 30% 的黑土资源，居世界首位。不过，资金和技术是其农业发展的短板。黑土含有丰富的矿物质，自然肥力很高，但可耕性差，水分有效性低，在有动力机械和灌溉条件下，农业生产潜力才能得到发掘，中国的投资将有助于提高乌克兰的技术标准。

根据这份为期 50 年的协议，乌克兰初期向中国提供第聂伯罗彼得罗夫斯克州 10 万公顷的农田，主要用于种植作物和养猪。农田的产出将以优惠价卖给中国的两大国有粮食企业，整个项目最终将扩大到 300 万公顷，乌克兰也将因此成为中国最大的海外农场。

近几十年来，中国农业经历了一个从弱变强的过程。改革开放之前，中国农业实力很弱，资本也十分匮乏，基本没有对外投资。直到中国加入世界贸易组织之后，中国终于有能力对外进行农业投资了，尤其是在2006年中国提出实施“走出去”战略之后，农业对外投资明显加快。中国农业对外投资的加快体现在五个方面：

1. 投资规模迅速增加。2008—2015年，中国农业对外直接投资存量从14.7亿美元增长到114.8亿美元，提高了7.81倍，平均每年增长34.1%；对外直接投资流量从1.7亿美元增长到25.7亿美元，提高了15.1倍，平均每年增长47.4%。

2. 投资领域更加广泛。截至2005年年底，全国有1000多家农、林、牧、渔业的境外企业。由最初的渔业发展到多个行业和领域，包括粮食及油料作物种植、农畜产品养殖和加工、仓储和物流体系建设、森林资源开发和木材加工、园艺产品生产、橡胶产品生产、水产品生产和加工、设施农业、农村能源与生物质能源、远洋渔业捕捞等。重点领域集中在天然橡胶、棕榈、木薯、剑麻、甘蔗等经济作物的种植加工以及远洋渔业捕捞。

3. 投资地区分布更广。中国农业的对外投资遍布亚洲、欧洲、非洲、南美、北美洲和大洋洲近100个国家和地区，相对集中在俄罗斯、东盟、欧盟和美国等，2015年，中国对上述国家和地区的农业直接投资总量超过当年中国农业对外投资总额的50%。

4. 投资主体多元化，模式多样化。1980年以前中国的农业对外投资多以对外援助为主，主要由国有企业独资承担。改革开放之后，民营企业成为农业“走出去”的新生力量。投资方式也逐渐由独资发展为合资、合作等多种形式并存。

5. 投资层次有所升级。从最初的合作开发资源，向资本合作经营转变。如中国的农垦集团在澳大利亚、新西兰、英国成功并购境外企业4家，并购金额近100亿元。

四、农业对外援助，体现大国风范

2011年4月，中国首次发布《中国的对外援助》白皮书。白皮书指出，截至2009年年底，中国累计对外提供援助金额达2562.9亿元人民币。当前国际经济发展不平衡现象日趋严重，作为国际社会的重要成员，中国将一如既往

农业部农业“走出去”协调会

中国农业技术人员在非洲

地推进南南合作，在经济不断发展的基础上逐步加大对外援助投入，与世界各国一道，推动实现联合国千年发展目标。

《中国的对外援助》白皮书说，中国是最大的发展中国家，发展仍然是中国长期面临的艰巨任务，这决定了中国的对外援助是发展中国家间的相互帮助。中国的对外援助，发展巩固了与广大发展中国家的友好关系和经贸合作，推动了南南合作，为人类社会共同发展做出了积极贡献。白皮书强调，中国对外援助坚持平等互利，注重实效，与时俱进，不附带任何政治条件。

中国对外援助的主要对象是低收入发展中国家，亚洲和非洲接受了中国80%左右的援助。中国对外援助项目主要分布在农业、工业、经济基础设施、公共设施、教育、医疗卫生等领域，重点帮助受援国提高工农业生产能力，增强经济和社会发展基础，改善基础教育和医疗状况。

援东帝汶杂交水稻技术合作项目于2008年启动，是中、东两国在农业领域的重要合作项目，受到两国政府的高度重视。中国商务部委托袁隆平农业高科技股份有限公司实施该项目。第一期技术合作期间，双方主要开展杂交水稻育种试验，获得了成功。目前处于第二期技术合作期间，中国专家组设立了4个杂交水稻示范点，示范面积达2.2公顷；已举办各类技术培训班11期，培训农户270多人次；推广种植杂交水稻200公顷，平均每公顷产量超过6吨，同比总增产3倍以上。

为更好地实现本期技术合作目标，专家组在项目所在地马拉图图区农业部门的支持下，借鉴中国农业合作社的成功模式，在当地农民自愿的基础上，成立了由57家农户集资参加的种粮合作社。这是东帝汶第一个农业合作组织。合作社实行统一浸种育秧、统一移栽管理、统一灌溉、统一收割的“四统一”管理模式。专家组为合作社提供杂交水稻种子1500千克，落实种植面积70多公顷，并提供技术指导和支持。

2015年6月收获季节，合作社杂交水稻平均每公顷产量达7.7吨，最高单产达8.84吨，与同时期当地种植的常规水稻每公顷1.82吨产量相比，增产485.7%，总产量增加417.5吨。实践证明，专家组通过设立种粮合作社的模式，不仅有效解决了当地田广人稀、劳动力严重不足的问题，也创新了推广模式，降低了生产成本，为大面积推广种植杂交水稻起到了很好的示范作用，也为当地农民发展诸如果蔬、水产和畜牧等其他产业提供了借鉴。

援东帝汶杂交水稻技术合作项目的成功实施，使东帝汶的杂交水稻实现了从无到有，并获得了高产。中国专家组的工作受到东帝汶政府和受益农民的高度评价。

中国虽然不是世界上农业最发达的国家，但对发展中国家提供农业援助的历史由来已久。1953年开始，中国开始向一些发展中国家提供农业援助，到20世纪60年代末，先后向亚、非洲30多个国家提供了农业援助；1979年起，除继续支援部分发展中国家农业外，中国还与世界各国签订了60多个合作项目；1986年开始，对一些遭受自然灾害的亚、非国家，提供物质与财政援助；1996年开始，在世界粮农组织实施粮食安全的框架下，开展了“南南合作”，与20多个国家签订合作协议，到2008年已派出近千名农业专家出国服务，并培训了一批外国农业技术人员；截至2009年，中国共帮助发展中国家建成221个农业援助项目，其中农场35个、农业技术实验站和推广站47个、牧业项目11个、渔业项目15个、农田水利工程47个、其他农业项目66个。

五、农产品对外贸易，发挥比较优势

2014年，中国河南省出口食品农产品总价值突破20亿美元。其中，出口动物及其产品3.47亿美元，植物及其产品4.7亿美元，深加工食品11.13亿美元，食品添加剂1.63亿美元。主要贸易国家和地区有东盟、日本、韩国、美国、香港等。

河南省的灵宝市香菇、卢氏县香菇、固始县柳编、内乡县猪肉、汤阴县鸡肉、温县四大怀药、民权县果蔬、洛阳市洛龙区牡丹芍药种苗花卉等8种农产品因品质上佳，被国家质检总局评为国家级出口食品农产品。2014年，西峡县出口香菇及其制品4.6万吨，货值6.5亿美元，日本市场七成香菇来自西峡，西峡香菇已成为河南销往全球的知名农产品。

除此之外，出口农产品还有效地帮助河南省解决了农民的就业问题。食品农产品出口经济效益显著高于内销，是农业提质增效和农民增产增收的重要手段，不仅可以挣来大量外汇，帮助农民脱贫致富，而且提供了大量就业

河南省出口知名品牌——固始县柳编

河南省出口知名品牌——洛阳市牡丹

岗位。据测算，河南省2014年出口的食品农产品可为419万多人提供就业岗位。

中国农产品的对外贸易经历了一个从无到有，从有到强的过程。1953—1978年，中国农产品贸易实现了从无到有的过程，农产品出口额从8.35亿美元增长到61亿美元；1978—2001年，农产品贸易规模继续扩大，贸易总额从81亿美元增长到了279亿美元；2001年中国加入世界贸易组织之后，农产品贸易迅速增长，此时的中国取消了进口许可证、进口配额等边境措施，将非关税措施关税化，实行关税减让和关税约束，对粮、棉、油、糖、羊毛等重要农产品实施关税配额管理，逐步扩大配额量，取消植物油关税配额等。2015年，中国农产品出口额为706.8亿美元，与“十一五”末相比增长了43.2%。出口品种结构进一步优化，特色农产品持续发挥竞争优势，同期相比，水果、蔬菜、畜产品及水产品出口额分别增长了58.1%、33.4%、24.0%及47.0%，中国成为世界第三大农产品贸易国。

第二节　农产品进出口调控

农产品进出口调控，是指以政府相关部门为主体，以贸易流量调节为核心，实施关税、配额等相关政策措施，以稳定国内农产品市场供求和价格的过程。调控的最终目的是为了实现各种农产品的供需平衡，即是对缺口进行调节，保障国内农产品供给，减少国内农产品价格波动，在一定条件下实现盈利。调控的工具主要包括进出口关税、进出口配额、许可证、出口退税、出口补贴、出口信贷等。

一、实行滑准税，保证价格稳定

十多年来，随着纺织工业的迅速发展，棉花供需缺口不断扩大。从2003年起，中国的棉花已经不能自给自足，进口量持续突破配额数量，2004年进口量达到198.4万吨，超过2001年进口量的33倍，是加入世界贸易组织承诺

东兴边民互市贸易区

最大配额量的 2.2 倍，进口价格比国内市场低近 9.1%，配额外进口的世纪税率也仅为 5%。为了稳定市场价格，平衡棉农和用棉企业的利益，中国于 2005 年 5 月开始对关税配额外进口的棉花实施滑准税调节。

通过观察和比较实施棉花滑准税前后的棉花价格情况可以发现，自从 2005 年对棉花配额外进口实行滑准税以来，国内市场和国际市场棉花价格都出现了明显的变化。通过实施滑准税，国内市场价格平均值从 11734 元 / 吨上涨到 13612 元 / 吨，这一政策的实施明显提高了国内市场的棉花价格；同时，实施棉花滑准税前，国内棉花价格的最小值和最大值分别为 7200 元 / 吨和 17676 元 / 吨，而实施滑准税后价格分别变为了 12651 元 / 吨和 14395 元 / 吨，这直观地表明滑准税在很大程度上烫平了国内市场棉花价格的波动。而在国际市场上，实施棉花滑准税后的棉花价格从 10056 元 / 吨上涨到 10260

东兴中越边民互市贸易场景

元 / 吨，有效提高了国际市场的棉花价格；同时，棉花价格的最小值和最大值也在实施滑准税后分别从 6787 元 / 吨和 13999 元 / 吨变为了 9745 元 / 吨和 11643 元 / 吨，价格波动明显减小。

中国棉花滑准税的实施，打击了国际市场上对棉花的投机行为，从而使得国际市场棉花价格变得相对稳定。可以这样认为，是中国实施的棉花滑准税，锚定了国内和国际市场上棉花的价格。

滑准税也称为“滑动税”，是一种关税税率随进口商品的价格由高到低而由低到高设置，用以计征关税的方法。实施滑准税后，进口商品价格越高，其进口关税税率越低；进口商品价格越低，其进口关税税率越高。其主要特点是，可保持实行滑准税的商品国内市场价格相对稳定，尽可能减少国际市场价格波动对国内市场价格的影响。征收这种关税的目的是使该种进口商品不论其进口价格高低，其税后价格都保持在一个预定的价格标准上，以稳定进口国国内该种商品的市场价格。

二、边民互市贸易，增进邻国感情

广西东兴中越边民互市贸易区自2009年6月正式开市运营，为参加互市交易的中越边民、经营户提供了高效、快捷、安全的市场环境，改变了中越边民互市贸易无交易、无仓储、无分装场所的“三无”状况，边境贸易实现了大跨度、大幅度发展。

到2013年年底，东兴中越边民互市贸易区交易总额达到128.6亿元，比2009年增长164.1%。2014年1月至11月，东兴中越边民互市贸易区交易总额达137.3亿元，与2013年同期相比增长10%。东兴中越边民互市贸易区进行互市交易的商品种类也不断增多，经互市贸易区进口的商品有花生、芝麻、茶叶、木薯淀粉等农副产品，各种鱼、虾、蟹、螺等海产品，咖啡、菠萝干、糖果、综合果蔬等副食品以及开心果、核桃、腰果等各种干果；出口商品主要有布匹轻纺产品、建筑材料、日常生活用品等。

浦寨边境贸易点位于中越边境，与越南谅山省文朗县接壤，西南连接越南谅山省新清口岸经济管理区。浦寨边境贸易点是目前中越边境线上最大的边民互市贸易点、东南亚最大的红木家具半成品市场、中国对东盟最大的水

凭祥自由贸易区

果交易市场。

浦寨边境贸易区有4家大型商贸城，2400间商业铺面，是全国有名的国际边贸城。边民每人每天可免税进口8000元毗邻国家货物，边境小额进出口货物允许在此成交。大量国内外客商在贸易区内从事贸易活动，日均人员流量4000人次，日均货车流量530车次。2014年，浦寨边境贸易额近39亿美元。

目前，浦寨共有400多家红木客商长期经营越南、老挝等国外进口的黄花梨、紫檀、酸枝、鸡翅等名贵红木半成品家具。这些家具经加工后，主要销往国内的北京、上海、江苏、浙江等省市。除此之外，这个边境贸易点，每天都有上千辆货车进入水果交易市场进行交易，火龙果、龙眼、西瓜、苹果、橙、柑橘为主要交易果品。

边民互市贸易，是指中国边境地区的老百姓在中国陆路边境20千米以内经政府批准的开放点或指定的集市上、在不超过规定的金额或数量范围内进行的商品交换活动。

中国地域辽阔，陆上国境线1.8万多千米，与14个国家接壤。这样的客观条件使得中国有必要鼓励边民与邻国进行互市贸易，改善边民生计，增进邻国之间人民的感情。

第三节　农业南南互助

2017年6月16日，第七届金砖国家农业部长会议在中国江苏省南京市召开，来自中国、巴西、俄罗斯、印度、南非等金砖国家农业部和联合国粮农组织、世界粮食计划署、国际农发基金和新开发银行等国际组织的9个代表团出席了此次会议。会议由中国农业部部长韩长赋主持。会议围绕“创新与共享，共同培育农业发展新动能”的主题进行深入交流，通过了《第七届金砖国家农业部长会议共同宣言》和《金砖国家农业合作行动计划（2017—2020）》等成果文件，就密切金砖国家农业合作、推动世界农业持续发展达成广泛的共识。

金砖国家农业合作论坛现场

在全球经济复苏乏力的大环境下，金砖国家农业生产稳定发展、农产品贸易继续保持活跃，为全球农业经济发展注入了新的活力和动力。会议呼吁全球共同致力于减少食物损失浪费和重视粮食生产，分享金砖国家减贫的成功经验和模式。会议强调要提高资源使用效率，保护生态环境，全面保障农产品质量安全，走可持续发展的道路。会议确定了今后五年金砖国家将重点在提高粮食安全保障能力、小农生产适应气候变化、科技创新与示范、农产品投资贸易以及农业信息技术应用等五个领域加强合作。

会议期间还举办了金砖国家农业合作论坛，来自金砖国家农业部和科技界、企业界人士200多人汇聚一堂，纵论深化金砖国家农业合作的形势任务。金砖国家和相关国际组织20多位资深官员、科技精英和知名企业家先后发言，阐述了农业支持政策、科技创新和经贸投资，多角度全方位的信息分享将有力助推金砖农业合作再上新台阶。论坛首次发布了《金砖国家农业发展报告》，系统分析了金砖国家农业生产、农产品贸易和投资情况，为有意在金砖国家兴农创业的各界人士提供了翔实的基础数据。

金砖国家农业部长会议的成功举办，为金砖国家之间农业的合作搭建了跨国界、跨领域的对接平台。

金砖国家农业合作不仅仅是一个平台、一种机制，更是一种使命和责任。中国农业部部长韩长赋在会上表示，各国应充分发挥各自优势，通过提供资金支持、技术援助等形式，与联合国粮农组织、世界粮食计划署和国际农业发展基金等联合开展南南合作，聚集力量，聚集资源，推动实现联合国2030年可持续发展议程。